私たちの「インクルーシブ学級」を語り合おう

編著

阿部利彦・川上康則・菊池哲平

東洋館出版社

まえがき

すべての子どもが、どのような背景やニーズをもっていても、等しく学びの機会を得られる教室。それは私たち教育者が追い求める理想であり、教育の核心にあるものです。しかし、現実の教室でこの理想を実現することは、けっして簡単なことではありません。多様な子どもたちが集まる通常学級では、学習の進度や方法が異なり、情緒面や社会性の支援を必要とする子どもたちもいます。教師はこうした多様なニーズを抱えた教室で、すべての子どもが共に学び、成長できる環境を提供するために日々奮闘しています。

本書の企画は、二〇二四年三月に菊池哲平が上梓した『授業UD新論』の発刊記念イベントをきっかけに生まれました。このイベントでは菊池、阿部利彦、川上康則の三名が鼎談形式で、ユニバーサルデザインの視点から授業づくりや学級づくりについて幅広く対話しました。その対話が、この書籍の基盤となり、ユニバーサルデザインの視点をより深く探究し、インクルーシブな授業や学級づくりの本質について、さらに掘り下げていこうという本書の企画に結びつきました。

教育のユニバーサルデザインは、すべての子どもたちにとって学びやすい環境を整えるための強力なアプローチです。しかし、それを実践に移すには、実際に現場で学級経営や授業づくりに取り組んでいる通常学級担任の教師たちの声を取り入れることが不可欠です。教師は日々の教育実践を通じて、インクルーシブな教室づくりの真の課題と可能性に直面しています。そのため、本書では特別支援教育の専門家である阿部・川上・菊池と、現場の教師たちが共に対話し、彼らの知見や実践の知恵を共有する場を設けました。

本書では、全国各地の様々な地域で活躍されている七名の教員をお招きし、具体的な授業や学級づくりの経験をもとに語り合います。ゲストとしてお招きした七名の先生方は、いずれも各地域のみならず、日本の学校教育をリードしている、実践力のある先生ばかりです。ユニバーサルデザインの視点を取り入れたインクルーシブな授業づくりや学級経営は、特別支援が必要な子どもにとどまらず、すべての子どもたちの学びをより豊かにするものです。本書の各章では、ゲストの先生方との対話を通じて、インクルーシブな授業・学級経営が実際の教室でどのように実践されているのかを探ります。

Ⅰ章のゲストは宗實直樹先生です。社会科の授業づくりを中心に、多様な子どもたちを包摂する授業の在り方について語り合います。宗實先生がめざす社会科授業の「おもろさ」とは何かを探りながら、一人ひとりの子どもの学びのストーリーを教師が大切にし、クラスで共有することの意義について語りが深まっていきます。

Ⅱ章では、髙橋達哉先生と共に、授業ＵＤによる国語授業づくりの実践をもとに、協働的な学びを促す教師の工夫について考えます。髙橋先生は、指導者への信頼や子どもたちが安心できる学習集団、そして一人ひとりが学びに対して前向きな気持ちをもてていることが重要と強調しています。髙橋先生の授業実践から、小手先の技術や手法だけではない、多様な子どもの学びを包摂した授業の在り方について議論が深まります。

続くⅢ章では、ＵＤＬの実践で知られる北森恵先生をお迎えしています。とかく授業ＵＤと比較されることの多いＵＤＬですが、インクルーシブな授業づくりという目的は共通しています。ＵＤＬでは子どもたちが自分に合った学び方で学べるようにオプションを準備しますが、ただ闇雲にオプションを数多く準備するのではありません。学習のゴールを明確に示しながら、子どもたち一人ひとりに寄り添う北森先生のＵＤＬ実践から多くのことを学ぶことができます。

Ⅳ章では、学級経営の視点から小野絵美先生とインクルーシブな学級づくりについて語り合っています。学級経営では「受容と秩序」のバランスをどう取るか、さらに「委ねる・任せる」ことが子どもたちの成長にどのように寄与するかが議論されます。また「集団と個人」という教師の視点に至るまで、小野先生ご自身の実践を踏まえながら、これまでとこれからの学級づくりについて考えています。

Ⅴ章は樋口亜紀先生をゲストに、特別支援学級と通常学級での授業・学級づくりの視点の差異について話が展開されます。特別支援学級の担任経験を経て、通常学級での子どもを見つめる視点が変わったという樋口先生のお話から、特別支援教育の視点を通常学級で生かすために、教師がどのようなマインドセットをもつべきかについて、実践的な示唆を得ることができます。

Ⅵ章でお迎えした山田光太郎先生との鼎談も、特別支援学級での担任経験によってそれまでの通常学級担任としての見方・考え方が変わった、という話からスタートします。そして現在の教育委員会の指導主事という立場から取り組まれている通常学級担任への研修の取り組みを通して、通常学級での教師の成長をどう支援できるかについて考えていきます。

Ⅶ章では上條大志先生と「子どもの見取り」をテーマに対話を展開します。子どもの多様性をどう描き出すか、また、子ども同士の関係性や子どもの自分像など、多様な子どもの姿をどうとらえるかについて語り合い、これからのインクルーシブな学級の在り方について深く考えます。

最後のⅧ章では阿部・川上・菊池の三名で、七名のゲストとの鼎談を振り返り、ゲストの先生方がめざされているインクルーシブな学級の姿や、それに向かっていく教師の役割について、私たちが感じたことを語り合っています。そして、これからのインクルーシブな学級づくりの可能性や方向など、「未来の光」を示していきます。

特別支援教育の専門家である私たち三名も、ゲストの先生方との対話を通して大きな学びを得ることができました。読者のみなさんにとっても、自身の教室でインクルーシブな学級づくりに取り組むための、新たな視点や実践のアイデアを得ることができるのではないでしょうか。本書の企画から得られた学びが、これからのインクルーシブな教育の実現に向けての一助となることを願っています。

最後に、本書の企画に協力をいただいた七名のゲストの先生方、また本書の企画から鼎談の調整、文字起こしなど、あらゆる点でサポートいただきました東洋館出版社の大場亨様に、心より感謝申し上げます。未来の教室が、すべての子どもにとって安心して過ごせる大切な学びの場であると同時に、一人ひとりの個性や能力を最大限に発揮できる場所であり続けるために、本書がその道しるべとなることを心から期待しています。

二〇二四年一二月二五日

編著者を代表して

菊池　哲平

目次

Ⅰ その子のストーリーを共有する

宗實直樹×川上康則×菊池哲平

自分の非力さを目の当たりにする

宗實　関西学院初等部の宗實直樹と申します。今は研修委員長という立場です。

僕は兵庫県姫路市の教員だったのですが、初任の五年間の最後に一年生を担任させていただきました。そのときに、自分の勢いとか若さのパワーとかではどうにもできない子に出会ったんです。そこが特別支援をしなければいけないというか、必要感を感じたスタートやったんです。そこからいろいろ特別支援の本などを読むようになっていきました。

別の小学校で五年間勤務した後、島の小学校に異動しました。漁業の島だったので、「勉強しなくても、漁師になればいいよね」みたいな感じの子もいたんです。なので、六年生を担任したときに、二人で階段に座りながら九九を教えていたことがすごく印象に残っています。そのときに、「授業の中でもこの子たちを輝かせなければいけないな」「授業をもっと本気でやらなあかんな」と感じたんですね。

こうした子どもたちと出会って、授業の中のつまずきにすごく興味をもつようになったのですが、そのうち「つまずき」というのは「本当に子どものつまずきなんかな?」とか、「実際はこっちのつまずきなのではないかな?」とか、そんなことを考えるようになりました。

関西学院初等部では、全員参加・全員理解の授業にこだわりがあり、僕も手立てをめっちゃ考えるようになったんですね。視覚化とか共有化とか、スモールステップとか。授業がおもしろいと言ってくれる子は増えたのですが、何か違和感がありました。教師が引っ張りすぎているような感じがしたんです。

そのときは、なんとなくうまい授業をしようとしていたのですが、子どもの側から考えることが少なかったのだと思います。その子がけっきょくどんな子なのかとか、どういうことがその子の中で起こっているのかを、やはり見ていかなければいけないな、と感じるようになりました。

川上　三点ほど聞きたいことがあります。

まずは、姫路の小学校で出会った一年生の子は、具体的にどんな子だったのですか?

宗實　入学式のときから隣りの子をどつき回していたんです。何かのきっかけで手が出てしまう。そして授業は逃走してしまう。医療関係にもかかって、そこでは愛着障害かなとは言われていたのですが、僕はそのときは全然わかっていなくて。

でも、一対一で話をしたら、こちらの感情を読んだり、そういうことはすごくできる子だったんです。離任式のとき、号泣する僕にさっとハンカチを渡してくれたのもその子でした。でもやはり、僕たちが想像できないようなことがたくさん起こりました。言い出したらなんぼでも出てくるんですが、その子の問題というか、僕の力不足でした。

川上　その子との出会いがきっかけだったということですね。

宗實　そうですね。自分の非力さを目の当たりにしました。それまでは、集団を引っ張るとか、集団を統率するというか、若さの力で「よっしゃいくぞ！」という感じでどないかなると思っていたんですよ。でも、どないもならないなということを痛感しました。

川上　二つめは島の小学校のお話なんですが、私も時々そういう話は聞くんです。勉強しなくても地場産業にかかわれば食っていけるから、と。逆に、学力が高くなってしまうと、東京や大阪に出ていってしまうからやめてくれ、という訴えが保護者からある。過疎地域というか人口が流出してしまうエリアの学力は、高めれば高めるほど、そのエリアから人がいなくなってしまうようなことがある。

宗實　「村を捨てる学力」[*1]みたいなやつですよね。それはありましたね。島ではやはり漁師になって残る子もいるけど、島から出て、そこで仕事をしたいという子も増えてきた。だから、けっこう両極な感じになっていたというのはあるんですよね。でも、残る子にとっては、勉強していい成績を取るとか、いい高校に行くとか、そういったことに必要性を感じていなかったのだと思います。

授業の中で子どもを育てる

川上　三点目ですが、そうすると、勉強に必要感がなかった子たちと出会って、その後、関西学院初等部に行ったじゃないですか。そこでは逆に、学力を高めたい、または大学まで行くことを前提としてみんな入学してきますよね。いわば、学習に関しては必要感を感じている子たちが多い。小学校の段階での受験だから、親からの期待を受けてということもあるかもしれないのですが。

でも、一貫して教師側の非力さとか、慢心に対する不安や不満足感とか、「子どものつまずきは実は教師のつまずきなのではないか」という視点に立てているのは、どうしてなんですか？

宗實　教師のつまずきが子どものつまずきに直結するのは、教師が授業の中で子どもたちの状況や理解度を十分に把握できていない場合が多いからです。

それで、自分が力つけなあかんと思ったんですね。子どもたちのことがわかるとか、子どもたちが本当に授業をおもろいなと感じてくれるようになるには、自分はやはり、まだ力が足りなさすぎる。過去一〇年間くらいは、特活に力を入れてやってきましたが、何かの教科に特化した教材研究や授業研究には本腰を入れていませんでした。

だから、本当に授業の中で子どもを育てなあかんなという必要感があって、そこからいろいろな

＊1　東井義雄が『村を育てる学力』（明治図書出版、一九五七年）などで用いた言葉。地域を豊かにする「村を育てる学力」に対し、よい成績を取って進学するためだけの学力を意味する。

本をめっちゃ読み漁ったり、いろんな研究会に行ったりするようになって、その中でUDと出会ったんです。そのときの関学初等部の子どもたちや先生方の姿とかを「これいいな」と肌で感じて、「めっちゃ学びたい！」と思ったんです。そして、いろいろな迷いはありましたが、初等部でご縁をいただくことになりました。

社会科でインクルーシブな学級をつくる

菊池　宗實先生はもともとは美術がご専門だったとうかがっているのですが、それが社会科に移っていったのは、村田辰明[*2]先生の影響によるものなのですか？　それとも、先に社会科への関心があったんですか？

宗實　社会科に関心があったんです。島の学校のとき、小さい学校なので校務分掌がいっぱい当たるんです。それで、社会科はめっちゃ嫌いだったのですが、僕が社会科を担当することになったんです。最初は正直、「最悪やな」と思ってました。その後、地区の研究授業をすることになったので、これは勉強せなあかんな、となったんです。それでたまたま本屋へ行って手に取ったのが佐藤正寿[*3]先生の本で。それを読んで、これを教室でやったらおもろくなりそうやな、と思ったんです。

それで島の子たちといっしょに社会科の授業をやってみたら、子どもの反応が変わったんですよ。

今まで社会科が大嫌いな教師に教えられていたので、子どもにしてみればたまらなかったと思うんです。でも、「こうやったらおもろいかな？」みたいな感じで少し工夫して授業をすると、子どももも「おもろそう」と前のめりになったんです。それで、「あ、もしかして社会科っておもろいかも」と思って社会科の勉強を始めるようになりました。きっかけとしてはそんな感じです。

初等部に入ってからの僕の社会科授業を磨いてくださったのは、完全に村田先生のお蔭です。恩人です。

菊池　教科の中でも社会科というのは、インクルーシブというか、多様な価値観を認めるための土台になるのではないかと思っています。

たとえば算数などの教科には、必ず何かしら正解がある。だけど社会科は、正解らしきものはあるんだけど、いろいろな方向から答えを見つけていい。たとえば地場産業の学習で、地理的な見方で考えてもいいし、歴史的な見方で考えてもいいし、あるいは経済学的な見方で考えてもいい。そういう多様な視点をつくれる教科だと思っています。

＊2　山口大学教育学部附属山口小学校等を経て、関西学院初等部副校長。著書に『社会科授業のユニバーサルデザイン』（東洋館出版社、二〇一三年）等。

＊3　岩手県の公立小学校等を経て、東北学院大学教授。著書に『スペシャリスト直伝！　社会科授業力アップ成功の極意』（明治図書出版、二〇二四年）等。

「インクルーシブ」というのは道徳の授業に関連すると思われがちですが、実は道徳は多様な見方・考え方というよりは、人類共通の普遍的な価値観のようなものを扱っているので、最終的には一つにまとまってくる感じもある。だけど社会科は、一つの事象をいろいろな角度から見る。それが悪くないというか、むしろそれが求められるようなところがある。そういう点では、社会科の授業づくりがインクルーシブな学級や集団づくりにすごく関係してくるのではないかと思うんですが。

宗實先生は授業で、子どものいろいろな価値観をどんどん引き出していくじゃないですか。それって、意図的にそういうのを引き出そうとしているんですか？

宗實　引き出したいという思いは大いにあります。菊池先生のおっしゃるとおり、子どもたちがいろいろな視点から発言してくるのは、社会科はいろいろな科学や子どもの経験が集まって成り立っているからだと思うんですね。だから、子どもたちがいろいろな視点から言えたり、多面的にとらえたりできる。あとはやはり、いろいろな人の立場に立って見れるということが大きくて、これは学級経営にも密接に結びついていると思うんです。

たとえば生産者の立場とか消費者の立場とか、それぞれの立場に立ってよりよいところを見つけていくのは、社会科授業での話し合いの基本になっていると思うんです。でも、そういう対等な立場だけではなくて、社会の中には弱い立場の人たちもいる。災害弱者であったり、買い物弱者であったり、ダムを造るために沈んでいく村の人の立場とか。ノーと言えない社会的に弱い立場の人たちがいると思うんです。

そういう人たちの立場になって考えていくことは、社会科という授業の中だけでなく、クラスの中でも同じだと思うんですよね。クラスの中に弱い立場の子たちは絶対いると思います。まずそこに目を向けられるようになったり、気づいたり、「あの子の立場になって考えたらどうだろうか？」と考えたりするようになる。だからおっしゃるとおり、社会科がインクルーシブとか学級経営とかに密接に結びついているのは実感しています。

「おもろい」発言

菊池　そのときの先生の働きかけのようなものも、すごく大きいと思うんです。何度か宗實先生の公開授業を拝見する機会をいただいたのですが、子どもが少し突飛なというか、おそらく先生のねらいとか期待とは違うような反応をしても、宗實先生は絶対「ああ、おもろいな」と返すじゃないですか。

そういう働きかけは、いろいろな子どもの立場に立つとか、あるいは、そういう視点もあるのかと周りの子どもがより興味をもっていくための働きかけなのかな、と思っています。「おもろいな」という言葉が出てくるのは、意図してやっているのですか？　それとも素なんですか？

宗實　どっちもやと思うんです。

でもね、僕が「おもろいな」と言うのは、何でもかんでも「おもろい」と言っているわけではないと思うんです。それは何かといったら、まず一つは、社会科という教科的なおもろさだと思うんです。概念的知識を獲得したりとか、獲得した知識を使ったりするのが社会科の本質だと思っているので、そういった意見が出たときは「おもろい」。立場とか、多角的に考えた意見が出たときも「おもろい」。発展的に考えられる意見が出たときも「おもろい」。

あとは、その子らしい発言が出たときですよね。その「らしさ」というのは、その子の趣味とか好きなこととか、その子のくらしとか家族とか、経験とか体験とか、それと関連づけられた意見は、やはりその子じゃないと言えないと思うんです。だから、それが出たときはおもろいなと思います。そして、おそらく周りの子にも、そういうのをおもろがってほしいのでしょうね。「僕とは違うけど、Aちゃんってずっと、そういう歴史的な見方をしているよね。それはおもろいな」とか、「わかる、わかる。Bちゃんは弟が三人おるから、そういう考えになるんだよね」とか。そういうのをほかの子と分かち合ってほしいというのがあります。

菊池　今の話、すごく興味深く聞いていました。特に、その子らしいオリジナルな視点が出てきたときに「おもろい」と感じるということですが、これは逆に言うと、その子のバックグラウンドを知っていないと「おもろい」とは思えないですよね。そのへんはやはり、学級経営と重なってくるわけですか？

宗實　それはあります。実は、僕はずっと、クラスの子どもを全体として見ていることが多かったんです。でも、「個別最適な学び」の概念が入ってきたときに、自分はきちんと個を見ているのかと問い直したんですね。それで振り返ってみると、「この子」の中でどんな学びが成立しているのかとか、その子の在り方をきちんと見ていかなければいけないなと思ったんですね。

今まで授業の記録も取っていたのですが、全体の記録だけでなく、個の記録も詳細に取るようになりました。といっても、事実をメモるだけなんですが。個の事実を用紙にブワッと書き出して、後でExcelにまとめたものを抽象化して、「この子はだいたいこんな感じの子かな？」と仮説を立てるということをするようになりました。それからなんとなく「この子」のことが見えるようになってきたかもしれないというか、それがおもしろくなってきたというのはあります。

全体だけでなく、一人ひとりの「個」として見るということは、学級経営の上で大切なことだと思います。

菊池　その記録はどれくらい取るんですか？

宗實　それはいろいろです。授業のことだけではなくて、ふだんのかかわりの中で「あっ」と思ったときとか、「不思議やな」と思ったところをメモして、日付と名前と併せて記録します。量はその日によって変わりますが。子どもの名前ごとに分けて残していくということをずっと続けています。これは初志の会[*4]のカルテの実践をもとにしています。

子どもに訊いてみる

川上　今の記録の話って、つまりは評価ですよね。それを形成的な評価として宗實先生が日々のかかわりに活用されて、さらに総括的な評価に結びついていくというイメージですか？

宗實　そうですね。形成的評価はかなり意識しています。記録を取って気づいたことがあれば、その子に声をかけたり、全体で共有したりしながら価値づけます。

川上　形成的な評価を心がけていく中で、教師目線で「こうあってほしい」みたいなものをどこかで疑ったり拭い去ったりしないと、その子の本質は見えてこないと思うのですが、宗實先生はそのあたりをどのようにクリアしてきたんですか？

宗實　僕は若い頃は、「最高学年だったらこうあるべき」とか、「授業中の発言はこうあるべき」というのが、めっちゃ強かったと思うんです。かなり「圧」も強めでした。でも、いつ頃からかな、「そうじゃないな」と思うようになったんです。けっきょくそれって、僕が望んでいる子ども像に子どもを近づかせているとか、僕がやりたい授業を子どもたちがなぞっているような感じで、それは全然ちゃうな、と。

「べき」が多くなって、しんどい思いをした子もいると思うんですよね。もちろん多くの失敗も積み重ねました。そういったことを何度も振り返るうちに、フラットに、ナチュラルにあろうと思えるようになったのかもしれません。

川上　社会という教科だからやりやすかったというのはありますか？　特別支援教育サイドから見ると、たとえば算数では「筆算では定規を使って線を引く」とか、「文章題は途中式を書かなければ減点になる」とか、「形成的評価」と言いながら、実際には一つのものさしだけでプロセスが評価されることが多いから、あらゆることが個に寄らないのではないかという思いもあって。

宗實　それはありますね。社会科は事象に対して「この子」が本当に多様な見方やとらえ方をします。それを思考したり表現したりするプロセスの中で、個々のさまざまな面に光を当てられる教科なのかもしれません。

教科共通で言われている「決まりごと」は多そうですよね。たとえば「めあては赤で囲む」とか、「必ずまとめを書く」とか。でも、そういうことがその子にとって有効なのかというのは、その子に訊かなければわからないです。だから最近、僕はよく訊くようになったんです。「こういう学習形態

＊4　一九五八年発足の民間教育団体。正式名称は「社会科の初志をつらぬく会」。カルテや座席表を用いた授業実践でも知られる。

にしたけど、どう？」「今日の授業で○○さん困ってたみたいやけど、何に困ってた？」みたいな感じで訊いたりしているんです。

ほんなら、けっこう出してくれるんです。社会科だったら、「先生、これのまとめ方がわからない」とか、「ここで一回できたんやけど、新しい問いがなかなか思いつかなくて困る」みたいなのを出してくれたりします。訊くことで、その子の学びやすさを考えるようになりました。

菊池　社会科って「暗記教科」だと言われるじゃないですか。小学校の場合はまだそうではないですけど、中学・高校になると受験対策的な意味合いで、暗記以外の何物でもないという授業がありますよね。

そうすると、最後の結果としてどれだけの知識が身についたかだけが評価されて、そこに多様な見方・考え方という概念が入りづらいのではないかという気がするんです。

宗實　「暗記社会科」というとらえ方による弊害は大きいですよね。僕も昔は、教科書に書かれている内容をそのまま教えなければいけないと思っていました。でもやっぱり、教科書に書かれているような事実を「いつ」「どこ」「どのような」の問いでとらえて、「なぜ」の問いで意味を深めるというような思考のプロセスが重要だと思います。そのプロセスの中で、子どもの見方・考え方は豊かにカラフルになっていくのだと思います。

それと、子どもの思考のプロセスによって、具体から入ったほうがわかりやすい子と、概観してから入ったほうがわかりやすい子がいると思うんですね。クラスの様子を見ていて、「うちのクラスの子たち、特に『この子』にとったら具体から入るほうがいいな」ととらえれば、たとえば五年生の水産業の学習で、「教科書では他の地域の一般的なものになっているので、近場の姫路の漁業を扱ったほうが理解しやすいかな？」というような発想になったりするのではないかと思います。

菊池　その学習の本質が求めているものと、子どもたちの思考や実態とを、いかにバランスを取るかということですね。

教育方法というスペクトラム

川上　歴史観って、宗實先生の教育観に影響していますか？　たとえば、教育界に関して言うと、自由主義に大きく振られたり、多様な教育要求に応えることが求められたり、いろいろ左右されてきたものがあるじゃないですか。いろいろな先達のご著書をふまえられてきて、宗實先生にどんな影響がもたらされているのかな、と思いました。

宗實　僕は、教育を考える上で必要なのはバランス感覚だと思うんです。先達の本を読むことは、そのバランスを取っていくのにもとても重要だと考えています。「系統主義か経験主義か」とか、いろいろ揺れ動いてきたと思うのですが、僕はそれぞれの思想や考え方に拠ってみた実践を一回はしようと思っています。そうしないと、よさも難しさも実感的にわからないからです。

たとえば法則化運動の授業技術に拠ったようなやり方であったり、『学び合い』の形式であったり、その時代の要請に応じていろいろな主義や方法が出てきたと思うのですが、それを一回実践としてやってみて、その中でいいところ取りをしていく。でもけっきょく、どれかに寄りすぎるのはあまりよくないと思ったので、そこは自分の考えと子どもの実態に合わせてバランスを取っていかなああかんな、という思考に至りました。

川上　宗實先生から見て、UDってバランスが取れているほうなんですか？

宗實　どうでしょうね。その人の考え方によると思うんです。手法ではなく、理念としてとらえることが大切だと感じていますが……逆に川上先生にお尋ねしたいです。

川上　たとえば、「難易度を下げているのではないか」とか、「甘えにつながるのではないか」「何でもかんでもやってあげているのではないか」というような批判は割とあるんですよね。でも、UDってそういうのではないじゃないですか。

むしろ学校という枠組みがなければ、子どもたちはそもそも多様だし、子どもたちの興味・関心を一つにまとめたいわけでもない。バリアフリーは、何かがあることでバリアが生まれて、それをなくそうという考え方だけど、ユニバーサルデザインは最初からバリアがあることを想定して、「ここでつまずきそうだな」「では、最初からこの手立てを用意しておこうか」とか、あるいは「選択の幅を広げておこう」とか、そういう発想ですよね。

菊池　今の話とかかわって、授業ＵＤとＵＤＬのどこが違うのかというのも、すごくよく聞かれるんですよ。けっきょくは、どこに立ち位置があるのかというバランスの問題なんですけど。授業ＵＤの人がＵＤＬの授業を見ると「ちょっと個別的すぎるのではないか」と思うだろうし、ＵＤＬの人が授業ＵＤを見ると「一斉授業ではないか」というように、けっきょくスペクトラムの話だと思うんです。

この点についても、たぶん宗實先生はいろいろ試しながら、どれが目の前の子どもたちに一番フィットする授業の形態なのかを探っていっている感じがするんですよね。

宗實　そうですね。けっきょく「誰一人取り残さず、全員の学習権を保障する」という理念はどちらも同じなんですよね。「この子」が自分らしい学びを進め、全員が教科の本質にきちんとたどり着けたかどうかが、授業ＵＤでもＵＤＬでも絶対必要なことですから。いろいろな方法でやってみても、それにフィットするかはその子によって全然違うんですよね。

僕は「個別最適な学び」として個別の学習をしていって、自己選択・自己決定をするような学習も取り入れるようになったのですが、ほとんどの子は「楽しい」「うれしい」「わかる」と言うんです。今まで一斉授業が多かったから、自分で決めることができて楽しいと言う子が多いんですね。

でも、くわしく聞いてみたら、「私は一斉授業でやって、一つの問いをみんなで考えるほうがわかりやすいし、楽しいです」と言う子もやはりいるんです。

そう考えると、「ずっと個別」か「ずっと一斉」かのどちらか一方にするというよりも、単元の内容に合わせながらいろいろな形態をやっていって、その中で「自分にはこういうのが合うな」と子ども自身が見つける瞬間というか、そういう環境を提供していくべきなのではないか、と思います。いろいろ試してみると、やはり気づくことは多い。子どもに訊いて、やって、訊いて、やって、の繰り返しなんです。

川上　どんな手法を取ったとしても、全員が基本となる枠組みに入ってくれるわけではないということですよね。となると、一つの手法だけにとらわれずに、その子に合った形を選ぶことができるようにしたほうがいい。

宗實　本当にそうですね。「個別最適な学び」が主張されているからといって、個別でだけ学習すべきかというと、そんなことはまったくない。目標とか理念とかさえ共有できたら、方法は柔軟でいいと思うんです。一斉授業が得意な先生はそれで子どもたちを幸せにできればいいし、個別の指導が得意な先生はそれで子どもたちを幸せにできればいい。

ただ、それぞれのバランスを取ったり、やっていることの質を高めたりする努力はしなければいけないと考えています。

その子のストーリーを見る

川上　先ほどから宗實先生のお話をうかがっていると、教師の「こうあるべき」というものをいったん脱却することと、その子一人ひとりに焦点を当てて、「その子らしさってここがおもろいんだな」みたいなところに向き合うのは、インクルーシブという発想とすごくつながると思うんです。そのへんで宗實先生が日頃から意識していることはありますか?

宗實　一点目についてですが、僕は「べき」論からは創造的なものは生まれにくいと思っています。「こうあるべき」を取っ払うためには、やはり他者と対話したり、文献とか本をきちんと読んだりせなあかんと思います。いろいろな人の知恵に触れ、立ち止まり、考え、自分の中の「当たり前」を崩して建て直さなあかんなというのは、すごく思っています。

二点目の「個を見る」ということについてですが、僕は点で、つまり、その場面場面で見ることが多かったんです。でも、ストーリーとかその子の文脈とかをつなげて見ていかなければいけないと考えるようになりました。だから僕は、その子が何をしているかということをじっと見ることが多くなりました。

たとえば、遊んでいたらその子がいきなり怒り出して、周りの子が「なぜ怒っているのか?」となったときに、僕がそれを見ていたら、その文脈を説明できるんです。「なぜ怒っているかわかる?

こうやってカプラ*5で建物をつくってるやんか。みんな入口のところを飛び越えよるやろ。気づいてないと思うけど、それを足で引っかけてこかしてるで」。

そういう感じで言ったら、「この子」が怒っている文脈が理解できる。「この子」の文脈をみんなで共有するというのは、いろいろな場面で意識しています。

それは授業でも同じです。「この子」がなぜこんな考えに至ったのかというプロセスを共有する。はじめは僕が共有するのですが、いずれ子どもがしてくれるようになります。「〇〇ちゃんは、きっとこうだから」というように。友達の得意や思考の癖をわかり合う感じですね。

事実を見る、文脈を見る。そうすることで、自分の偏った見方が修正されていきます。いつも子供が教えてくれます。

菊池　今の話は特別支援でも重要だと思うんです。特別支援の一番根本的な考え方には、応用行動分析につながる「事前‐行動‐結果」という三項随伴性があると言われるのですが、これはいわば「文脈」なんです。何かの行動だけを見て、その行動が何だとか言ってもしょうがない。その行動をする前に何があって、その行動をした結果として何が起きたのかを文脈としてとらえないと介入できないので。

個を理解する上で、その子の行動だけ見るのではなく、その前後に何が起きているかを見るのは、すごく本質的なことだと思って聞いていました。

不安だからたどる

川上　本を読むことが大切だとおっしゃいましたが、実際に本を読むとなったとき、多読がいいのか、それとも宗實先生なりに「これを読め」というのがあったりするのですか？

宗實　読み方も変わってきたのですが、まずは多読でやっていましたね。多読でやって、その中で心に残るものは、やはり抽出されてくると思うんです。たとえば社会科や子ども理解ということで言えば、重松鷹泰先生[*6]とか長岡文雄先生[*7]とかの「人」になってくると思うんです。その人が時代ごとにどう考え、主張をされているかをたどって読んでいくようにしています。

川上　そうすると、重松先生に私淑して「重松先生なら、この場面できっとこう考えるだろう」というのと、先ほどの菊池先生のお話の「この子はこういう前後関係で物事をとらえるだろう」というのがミックスされて、実際にその子一人ひとりの事情がわかるクラスになっていく、というこ

＊5　KAPLA社製の木製ブロック。
＊6　一九〇八年生、一九九五年没。第二次世界大戦後、文部省教科書局の小学校社会科担当となり、社会科の創設や学習指導要領の作成に寄与した。名古屋大学名誉教授。
＊7　一九一七年生、二〇一三年没。奈良女子高等師範学校附属小学校、兵庫教育大学、佛教大学等に勤務。重松鷹泰と共に「奈良プラン」を作成・実践した。

とですか？

宗實　たぶんそんな感じかと思います。「たどる」ということは、自分が学ぶときも子どもを見るときも、やはり大切なのかな、と。現象とか一時点だけのもので判断するのではなくて、本だったらその人の思考がどう変わってきたのかも見なければいけないし。今言われていることとその人の主張がどことつながるのかとか、そういった時間軸と空間軸のようなもので見ているのかもしれません。

川上　「たどる」って、すごくいいキーワードだなと思いました。宗實先生が歩んできた歴史や、社会科という教科の本質ともつながっている感じがしました。

宗實　たどらなければ、すごく不安なんですよね。実践をいろいろするじゃないですか。でも、それは九九・九％は誰かがやってきた実践だし、それを知らずにやるのも怖いなと思うし、敬意をもちたい。逆に、先人がやっていることを、こういう意図でやっている、では僕はこうアレンジしようということやったら、少し安心感があったりするんです。臆病なんですよね。

たし算を間違えた先生

宗實　僕のほうからもお二人にお聞きしたいことがあります。教師が意識したり言語化したりせずにやっていることって、けっこうあるのではないかと思うんです。お二人はいろいろな学級を見ているると思うのですが、教師が意識していないんだけど、インクルーシブな授業を進める上でポイントになることを言語化していただけるとありがたいです。

菊池　現場の先生方の取り組みを言語化することが私たち大学の教員に課された役割なんだろうと思っているので、なるべくそういったことを解説するようにはしています。

一つ印象に残っているエピソードとして、私が授業UDを学びはじめた頃に、一年生の通常学級を見に行ったら、算数でたし算の授業をやっていたんです。先生がある程度やり方を教えて、それぞれやってごらんという感じで、先生は机間巡視していたんです。そのときに、明らかに間違えている子が一人いたわけです。

本当だったら、机間巡視のときにその子に「ここはこうだよ」と教え直したりするのでしょうが、その先生はスルーして、前に戻って、「みんなできたかな？　先生がやってみせるね」と言って黒板に書いたのは、その間違っていた子のやり方だったのです。

そうしたら周りの子が、「先生、それ違うよ！」と。「違うの？　じゃあ、どうすればよかったのかな？」と先生が言ったら、周りの子が先生の間違えを修正したんです。そして、間違っていた子は、正しいやり方をそこで学んだんです。

この先生の発想にあるのは、おそらく個別に教え直したり注意をしたりというのは簡単なことではあるのだけど、それだとその子が間違えたことが公になってしまう。周りの子も見ているから、その子が傷つくだろうという、その子を守る視点が一つ。

もう一つは、この間違いをきっかけに、周りの子にもっと深く学んでほしいとか、できる子はなぜそれが違うのかを言語化して説明させたいという視点があったのではないか。だから、先生はみんなの前で自分が間違えたふりをしたんだと思うんです。

あともう一つは、授業全体を見渡して、一人ひとりの学びがどういう状態なのかをきちんと見取るという「個を見る力」。それと、先生が個別に教えたら、周りの子からこの子はどんな目で見られるだろうという「全体の雰囲気を読む力」。そういうところのバランスでも、子どもが間違えたという一つの事象に対して、先生がどう対応するかが決まってくるのかな、と思いました。

いかにしてこの先生の行動のような発想に変えていけるかということと、そのためには何をしなければならないのかを言語化していくことが、おそらくUDにとって大事なことなんだろうと思っています。

宗實　そういうところが言語化されていったら、子どもたちの姿とか教室の様子とかがすてきなものになっていくんだろうな、と思います。

アイルランドのジャガイモ

川上　特別支援教育の世界がすごく特化している部分は、つまずきとかミスとかエラーとかに目が向きやすい部分だと思うんです。通常の学級は割とポジティブじゃないですか。「明るい」「素直」「元気」「主体的」「創意工夫」「思いやりの心」とか。でも、そちらに近づけない子たちがいっぱいいるんです。

トルストイの「アンナ・カレーニナ」に「幸せの形は基本みんな同じだけど、不幸の形はそれぞれ違う」というような文があるんですけど、そこに目を向けられるのがたぶん特別支援教育だと思うんです。授業の「楽しい」はだいたいみんな似ているんだと思うんです。だけど、授業が「つまらない」とか「退屈」とか「わからない」は、みんな違うと思うんです。そこに踏み込めるから、特別支援教育はおもしろいのではないかと思います。

そう考えると、人のネガティブな部分とか、あるいはもともと持ち合わせている部分の中に多くの魅力があって、そこにたどり着けるといいな、と思っています。『はずれ者が進化をつくる』[*8]という本によると、優秀なジャガイモの株だけを育ててきたアイルランドでは、植物をねらう病気によ

＊8　稲垣栄洋『はずれ者が進化をつくる：生き物をめぐる個性の秘密』ちくまプリマー新書、二〇二〇年。

ってその品種が全部台なしになって、一気に飢饉が起きて人口減少につながったそうです。つまり、違いがない組織はもろい。

そういう発想と出会ったときに、画一的な一斉授業で、みんなが一律に同じものをめざすことよりも、特別支援には強みがあるのではないかと思うようになったんですね。

宗實　違いをおもろがれる空気って、どうやったらつくれるんでしょうね？　僕も学級では、自他の受容と多様性の承認がポイントだなと思っています。身近にあふれているエピソードを通じて小さな対話を積み重ね、子どもたち一人ひとりに寄り添った柔軟な環境を整えたいです。そして多様な解釈を心がけて、差異を尊重したいです。

違いは目立つじゃないですか。でも、やっぱり違いがあるからおもろいじゃないですか。

川上　そうですよ。だって、周りの人がみんな自分と同じだったら、家は建てられないじゃないですか。農業とか漁業にも向いていないだろうなとか、飲食店も向いていないだろうなとか。自分ができることなんて大したことないのに、でもみんなに「同じ」を求める。

「みんな同じだと世界が成り立たないんだよ」ともっていけると、「違っていること自体が学級の強みだ」ということにつながっていくと思うんです。けっきょく、同じにしたいのは、管理者側の安心感でしかないわけですよね。子どもたちの都合で考えたときには、みんなが違っているからこの世は成り立つ。そこに向き合えるといいなと思います。

宗實　大人がそうやから、子どもらもそうなるのかもしれませんね。同質でいるほうが安心するという僕らの考え方とか在り方が、子どもにそのまま出てしまっているのかもしれないという反省はあります。

川上　本当にそうですね。今日は貴重なお時間をいただきまして、ありがとうございました。

宗實　こちらこそ、おもろい時間をありがとうございました。

（二〇二四年九月一六日収録）

II

違いがあるからこそ、おもしろいよね

高橋達哉×阿部利彦×川上康則

ターニングポイント

髙橋　東京学芸大学附属世田谷小学校の髙橋達哉と申します。私は大学院生の頃からずっと国語を専門に授業研究をしてきました。教員になって一三年目です。大学院では長崎伸仁[*9]先生のところで研究をしていて、その後、二〇一五年頃に長崎先生から桂聖[*10]先生に引き合わせていただきました。桂先生との出会いが授業ＵＤとの出会いです。

それまでにも授業ＵＤのことは、本を読んだりして、どんな実践がされているのかということは少しだけ知ってはいました。ただ、学んでみようとは思っていませんでした。おそらく、長崎先生のもとで、子どもたちが論理的に考える力を高めていくための発問づくりの研究に熱中していたので、なんとなく授業ＵＤの授業は「簡単すぎる」と思っていたのでしょう。

阿部　そうだったのですか。

髙橋　授業ＵＤに対して、「子どもたちはそこまで思考しなくても、こんなことは簡単にわかっちゃうんじゃないか」と思っていたところがありました。傍から見ていて、なんとなくそういうイメージをもっていたように思います。でも、自分はもう少し高度なことをやりたいという感覚でいました。当時の私は、自分なりにいろいろとこだわった教材研究をする中で、発問や学習活動など、今考えれば「こねくり回したようなこと」を子どもたちにやらせていたと思います。
そういう中で、いつも難しいなと思っていたのは、どうしても一部の子どもとの授業になってしまっていたことです。三〇人ぐらいの学級を担任していて、半分ぐらいの子どもたちしかついてこられていないような感覚がいつもあって、そこが自分の悩みでした。

阿部　そうした悩みがある中で、桂先生と出会われたのですね。

髙橋　はい、教員四年目の冬でした。それから少し経った五年目の秋頃から、東京で開かれていた桂先生の講座に参加するようになりました。会うたびに「東京に勉強においで」と温かく話しかけてくださっていましたので、試しに行ってみようか、と。同じく小学校教員の妻といっしょに、本当に軽い気持ちで参加しはじめたのですが、そこで大きな転機が訪れました。「模擬授業提案に挑戦してみないか」と声をかけていただいたのです。

阿部　それで、講座で模擬授業をされたわけですね。

髙橋　はい。……ただ、実は、すぐにお引き受けしたわけではなく、「いったん考えさせてくださ

＊9　一九四九年生、二〇一七年没。山口大学、創価大学大学院等に勤務。国語教育探究の会の代表等を務めた。著書に『小学校国語 物語の「脇役」から迫る 全員が考えたくなる しかける発問36』（編著、東洋館出版社、二〇一六年）等。

＊10　筑波大学附属小学校等を経て、共愛学園前橋国際大学准教授。日本授業UD学会理事長。著書に『国語授業のユニバーサルデザイン』（東洋館出版社、二〇一一年）等。

い」とお返事しました。

阿部　それはどうしてですか？

髙橋　先ほども申し上げたように、ＵＤの授業では子どもたちの思考力は鍛えられないなと、斜に構えているところがあったからです。講座にはすでに二、三回参加していたのですが、まだ授業ＵＤのよさも、桂先生のすごさもわかっていなかったのです……。そのときは、授業ＵＤを深く学んでいくつもりはまったくありませんでした。

ただ、隣りで桂先生とのやりとりを聞いていた妻から、「桂先生にせっかく声をかけていただいたのだから、チャンスだと思ってやってみたらいいのに」と言われたんです。それで渋々、「じゃあ、やってみるか……」という感じでお引き受けしたことを覚えています（笑）。

私とは対照的に、妻は、数回の講座に参加する中で、桂先生と授業ＵＤのすごさを実感していたんです。講座の帰り道はいつも、「すごいね、すごいね！」と話していましたから。

阿部　そうだったのですね。

髙橋　そういう経緯で模擬授業に挑戦することになったことが、私の人生の転機だったと言っても過言ではないですね。

模擬授業提案をする前に、同じ内容の授業を実際に自分の学級で行いました。これが、焦点化、視覚化、共有化を取り入れてみた初めての経験です。そのときの子どもたちの姿が、今までと全然違って、まさに「全員が楽しく参加してくれた」という感覚がありました。一部の子供たちとの授業ではなかったのです。これはすごいなと思いました。何より「楽しい」と思いました。

そして、講座での模擬授業提案に対しても、みなさんから肯定的なご意見をたくさんいただき、桂先生からもたくさんの価値づけ、お褒めの言葉をいただきました。

そこから熱心に桂先生のもとで授業UDを勉強するようになっていきました。桂先生がいらっしゃった筑波大学附属小学校に毎週のように勉強に行ったり、川上先生の講座に参加させていただいたり、そういう形でここまでずっと学び続けてきたところがあります。

川上　そこがターニングポイントだったのですね。

髙橋　はい。授業UDを学ぶ中で、教師として大きく成長できたと思っていますし、学び続ける中で、ここ数年は授業のスタイルが変化してきているなと感じています。

以前は、「教えたいことを、いかに楽しく子どもたちの心に残る学習として教えるか」ということに尽力していました。しかし今は、こちらが教えるというよりも、「読むこと」で言えば私も読み手の一人として、子どもと共に考えて、「子どもの発想に学ぶこと」がおもしろいと思えるようになってきています。

研究授業をする機会も多いのですが、今までは私が想定したとおりに子どもたちが動いていかない場合は焦ったり、悔しかったりという思いがありました。しかし、最近はそうではなくて、むしろそういう場面こそおもしろいと感じるようになってきています。

「UD＝レベルを下げた授業」？

阿部　「授業の達人」をめざす先生方は、先ほど髙橋先生もおっしゃったように、もっと難しいところをめざしていきたいと思っているようです。そうした先生方は、「UD＝レベルを下げる」とか、「簡単にする」とか、「何かつまずきがある子だけのための授業」みたいに思っているようなのですが、そうではないと思ったきっかけや気づきは何かありますか？

髙橋　桂先生と出会って、「焦点化」ということを深く考えるようになりました。国語科は、ねらいや指導内容が曖昧になりがちだと言われています。焦点化というのは、桂先生の『国語授業のユニバーサルデザイン』で説明されていますが、国語科の教科内容をしっかりとねらいとして設定することと、そして、いくつもねらいを設定するのではなくて、一つに絞ることを指します。私は、その両方ともできていませんでした。

まず、「国語で指導すべきことが何なのか」が理解できていませんでした。とにかく「思考力」「判断力」「表現力」を高めることができればいい、文章に書かれていることに加えて、文章に書かれていない裏側を読み取ることができるようにすればいい、と考えていたのです。

国語の授業であるからには、文学なら文学の読み方、説明文なら説明文の読み方をきちんと教えていかなければいけません。焦点化の視点を学んで、桂先生の授業を具体的に教えていただいたときに、国語で教えなければいけないことに子どもたちがきちんと到達できるような工夫がされていることに気づきました。私がやっていたことは、難しくて、たしかに子どもたちは頭をよく働かせますが、けっきょく国語科の教科内容にたどり着けていなかったということがわかってきました。

桂先生がされていることは一見簡単なようでしたが、子どもたちがわかっているようでわかっていないことをきちんと自覚化させたり、意識化させたりする授業をされていること、そして教科内容が明確で、何を学んだかが明確な授業となっていること、さらには、子どもたちが楽しく参加できる授業となっていることがわかりました。私の場合は、そういうことがわかってくる中で、「ＵＤは簡単すぎることをやっている」という認識が改まっていきました。

都合のいい解釈

阿部　そこに関係してきますが、教えても理解できないとか、教師とうまく対話ができないとか、そういうつまずきがある子とかかわると、教師は達成感を得られない。だから、そうした子どもとのかかわりは減って、教師がうれしくなる子や、反応がいい子たちとのかかわりが強化されていくということがあると思います。先ほど、当時の授業は「半分くらいの子しかついてこられなかった」とおっしゃっていましたが、ついてこられない子たちのことをどう思われていましたか？

髙橋 たぶん、都合よく考えていたと思います。発言はできていないけど、きっと考えてくれているはずだとか、発言はせずとも書いていたものがあったなら、そこに少しでも自分の考えを書けているのだから参加できている、と。

阿部 自分なりの安心材料を見つけて、書けているからいいやとか、何も発言していないけど、彼ら、彼女たちなりに学べているんだろうなと落とし込んでいた感じですか？

髙橋 はい、まさにそうです。その時点でその子自身は考えられていなくても、周りの子の発言を聞けば、それで学んだことになるのではないかと、都合よく考えていたように思います。

阿部 ありがとうございます。そこは語るのに勇気が要ると思って、他の先生方にはなかなか聞くことができなかったのですが。でも、すごくわかる気がします。

「授業の工夫」だけではたりないこと

阿部 協働的な学びを行う上で大事にしていることについて、髙橋先生のご実践、あるいはそのポイントをお話いただけますか？

髙橋　協働的な学びは、一斉指導場面を主に想定しています。教師が前に立って、子どもたち全体で話を進めていく場面。そういう授業をよりよく成立させていくためには、授業の工夫だけではやはり難しいと感じています。

阿部　授業の工夫だけでは難しいですか？

髙橋　はい、そう思います。たとえば、「こういう発問にすればいい」とか、「センテンスカードで視覚化する」とか、いろいろ手法はあると思いますが、それを取り入れただけでは、みんなで高め合っていくよりよい学びにはならない。

川上　聞きたい！　何ですか、それは？

髙橋　授業の工夫とセットで、大切なことが三つあると思います。

一つめは、教師への信頼がきちんと高まっていること。

二つめは、子どもたちにとって安心できる学習集団になっていること。

三つめは、子どもたち一人ひとりが学びに対して前向きな気持ちをもてていること。

この三つを高めていく意識がないと、ただの小手先の技術や手法だけでは学びは深まりません。

阿部　なるほど、技だけでは不十分ということですね。

ところで、髙橋先生は今、教科担任以外に、ご自身のクラスもおもちなんですか？

髙橋　実は異学年集団の学級を受け持っています。一年生から六年生の三五人を担当して、朝と昼をいっしょに過ごします。国語の授業のときだけ五年生と三年生の子たちと過ごします。

阿部 私のイメージだと、授業以外の学級活動は、信頼関係をつくったり、安心感をもてるようにしたり、行事を通じてみんなが協力し合ったりすることで人的環境を整えられると思っています。でも、そうしたクラスだと、今おっしゃった三つを実現するのはすごく難しいですよね？

高橋 そうなんです、すごく難しくて。ただ、今一年ちょっとこの環境の中でやってきて、難しいのですが、できるなという思いがあります。五年生だったら週四回しか国語の授業がない。その四時間の中だけでも、今言った三つのことをきちんと高められるな、と。

阿部 その秘訣があれば教えてください。限られた中でこの三つを実現するために、これだけは欠かせないみたいなものはありますか？

高橋 まず、一つめの「信頼関係をつくる」ということに関しては、私の場合は、おもしろいことをたくさんやりました。

とにかく子どもたちといっしょに笑う時間をつくりました。私がおどけて子どもたちが笑う場合もありますし、子どもたちの中で、みんなからおもしろい子と思われている子を活躍させてみたりする場合もありますが、とにかく楽しく、笑いのある授業をつくりました。簡単なことのようですが、私はこのことを非常に大切にしています。意識的に、そういう楽しい時間を積み重ねるようにしているのです。

そうすると、この先生はおもしろいなと、子どもたちが私のことを好意的に見てくれるようになるんですね。そうした好意的な雰囲気の中で一人ひとりに声をかけていくと、「先生は自分のことをよく見てくれているな」とか、「先生に気にかけてもらえてうれしいな」みたいなことを、子どもたちは少しずつ実感していきます。「この先生、おもしろいな」から「この先生、好きだな」という気持ちへと好意的な思いが高まっていくと思うのです。それが信頼関係づくりの土台です。

その土台の上で、授業における寄り添いや励ましの言葉がけをする姿勢、そしてまた、不適切な行為をけっして許さない態度を見せ続けることで、教師への信頼は高まっていくと思っています。

違いを認め合える風土づくり

阿部　二つめは「安心できる」。一つめは教師と子どもたちの信頼関係ですよね。今度は横というか、子どもたち同士の安心感や学び合い、協働学習で大事にされていることはありますか?

髙橋　教員になってまだ三、四年目の頃、山梨県にいたときの先輩教員から、「子どもたちには、きちんと価値観を伝えていくことが大切だよ」と教わりました。それ以来、「教室は間違えるところだ」という価値観を年度のはじめに伝えています。大切なのは、年度の最初に伝えて終わりではなく、授業の中で何度も繰り返し、子どもたちとその価値感を共有することです。

また、友達の考えを否定しないことも指導します。自分と考えが違うのであれば、まずいったん共感を示して、「『そういうふうに考える気持ちもわかるけど、私はこう思うな』という言い方をしていこう」と言うようにしたり、友達が話しているときに、反応しながら「うんうん」と聞いてあげるということを、スキルとして子どもたちに教えたりします。

あとは、「違いがあるからこそ、おもしろいよね」と、一人ひとりの違いを認め合っていこうという風土をつくっていく。そういう価値観を共有していくことを意識しています。

これは授業づくりとも関連しています。答えがある発問をするのではなくて、子どもたちそれぞれの「感じ方を問う」ような発問をしていくことも大事だと思います。どの選択肢を選んでも、それぞれのどの考えも許容されるような発問をしていくことを意識しています。

阿部　すごく大事ですね。

髙橋　多様さが認められる安心感をつくるために、たとえば「ごんぎつね」だったら、「あなたが一番悲しいと思うところはどこか?」という発問をします。

指導書には、「気持ちがわかるところに線を引いて、そこから想像した気持ちを表にしてノートにまとめましょう」などと書かれています。子どもたちがこれに取り組むとなると、これは正解がある感じがします。「気持ちがわかるところはどこなのか」というのははっきりしてきますし、その叙述からどんな気持ちを書けば正解として認められるのかという意識が働きやすい気がします。

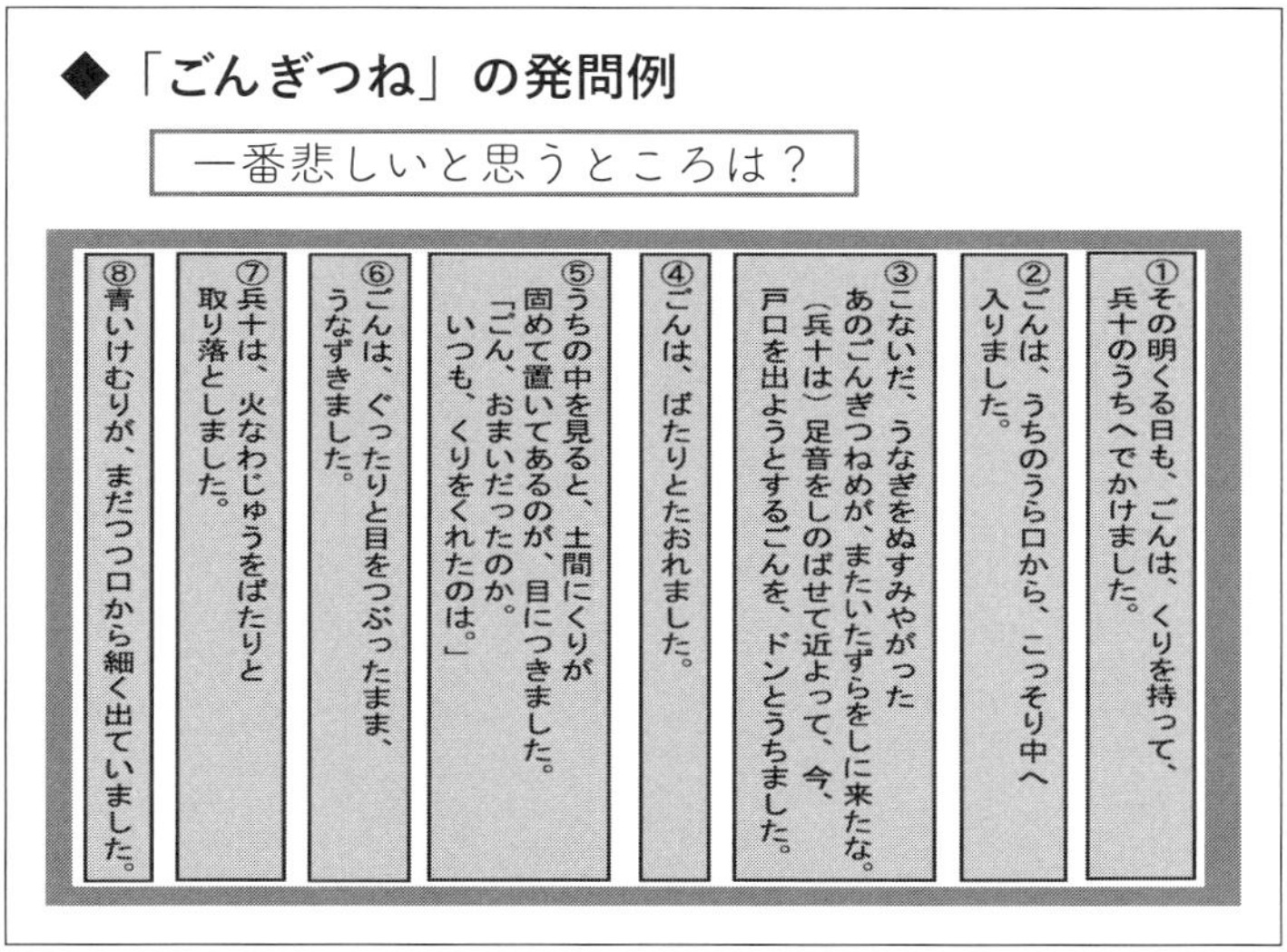
◆「ごんぎつね」の発問例
一番悲しいと思うところは？
①その明くる日も、ごんは、くりを持って、兵十のうちへでかけました。
②ごんは、うちのうら口から、こっそり中へ入りました。
③こないだ、うなぎをぬすみやがったあのごんぎつねめが、またいたずらをしに来たな。（兵十は）足音をしのばせて近よって、今、戸口を出ようとするごんを、ドンとうちました。
④ごんは、ばたりとたおれました。
⑤うちの中を見ると、土間にくりが固めて置いてあるのが、目につきました。「ごん、おまいだったのか。いつも、くりをくれたのは。」
⑥ごんは、ぐったりと目をつぶったまま、うなずきました。
⑦兵十は、火なわじゅうをばたりと取り落としました。
⑧青いけむりが、まだつつ口から細く出ていました。

図　「ごんぎつね」の発問例

一方で、先ほどの「あなたが一番悲しいと思うところはどこですか？」というのは、どこを選んでどんなふうに書いても認められるでしょう。そういう問い方をすると、「これでいいのかな？」「合っているのかな？」とか、周りの友達が書いているのを見て「自分は間違ったことを書いていないかな？」という不安な気持ちを和らげられるのではないかと思っています。

こういう「感じ方を問う」ような発問で授業をしていくと、本当に感じ方は人によってさまざまで、自分にはない感じ方から学べることもたくさんあるな、ということを実感していくと思います。それによって、どれを選んで、どんなふうに言っても認められるということがあるので、普段から安心して学習していけるし、「違いがあるからおもしろい」ということも子どもたちが実感していくという、学習集団づくりにもつながっていくと思っています。

阿部　協働的な学びや対話的な学びで苦戦する子たちは、一つは間違いをおそれる。それから、人と違う意見をおそれる、という二つのことがあると思います。そのため、どれも正解であるとか、どれも大事にできる、多様な考えを認められる学びの場は、人的環境のＵＤで大事にしているところなので、より具体的な手立てとしてすごくイメージが湧きました。

川上　髙橋先生がおっしゃっていたのは、学級の在り方ですよね。「正解は一つで、みんな同質で、みんなが同じ方向に向かなければならない」ではなくて、差異があることを前提としているからこそ安心感につながる。

さらに奥深かったのは、差異があることをお互いが表明し合って尊重し合うことで、自分と違う感じ方の子が隣りにいるんだなという、言うなれば共生社会が形成されていることですよね。「新たな視点をもっている人が隣りにいて、自分とは考えが違うけど、いっしょに過ごすことができる」、みたいな。すごく奥が深いと思いました。これがたぶん、協働的な学びをよりよく進める条件だと思いました。

協働的な学びは、その子のよさを共有するために

阿部　間違えたら怖いとか、人と違うと怖いとか、そういうことをおそれずに、多様な考えを共有できる場だからこそ前向きになれると思います。

三つめのところにも含まれてきますが、前向きな気持ちを一人ひとりがもつために、大事にされていることがあったら教えてください。

髙橋　今、阿部先生が整理してくださったことと重なりますが、「ごんぎつね」での授業のような選択型の発問をしたときに、ある一人の子しか着目しなかった部分から、すごく学びが深まる場合があります。

そういうときに、一人の子がそこに着目したことのよさや、そこからみんなが学べた事実を改めて言語化して、「○○さんしか注目しなかったここから、今話し合ったようなすごいことが学べたね」みたいなことを共有すると、その子は先生やみんなから「すごい、すごい」と言われるという経験をするわけですね。

そうすると、その子は、自分がそれまで国語が苦手だったとしても、自分は国語ができるのかもしれないとか、自分のことを「すごい」と言ってくれたというように、教科に対しての前向きな見方もそうですし、自分に対しての前向きな見方ももてるようになっていく。

そうやって、授業の中で「ある子」のすごさみたいなものを、まずは教師が主導的に価値づける場面をつくって、「みんなの前で自分が認められた」「褒められた」という経験をさせる。それは、個別で学んでいてはできないことなのではないでしょうか。協働で学ぶからこそ、「ある子」のよさをみんなで共有することができ、「その子」の前向きさをつくっていけると思います。そういう機会を授業の中でたくさんつくれるといいなと、いつも思っています。

阿部　いろいろな授業を見せていただくと、残念ながら逆のパターンが多いですよね。一人だけ違うと「ずれている」とか「変わった子だ」みたいになって、孤立感や、逆の意味でスポットライトが当たることが多いですよね。

髙橋先生のご実践はまさにインクルージョンだと思いますが、視点の違いがみんなの学びを深めてくれるんだと認められることで、自信につながって、すごく大事なことだと思います。

ただ、あまりにも突拍子がなさ過ぎて、その場でうまく対応できないケースもあると思います。でも、けっきょくみんながその子のよさに気づけなかったとしても、そこでチャレンジをして、教師が想定していた方向と違っていても、その子のために踏ん張ってみるというのは、勇気が要ると思います。違う子の意見を共有しようと思ったけど、みんなピンとこなかったみたいなこともあると思うのですが、そのあたりもチャレンジされていらっしゃるのですか？

髙橋　そういう場面もありますね。

阿部　でも、先生がそこで、すごくいいことなんだよと食い下がってくれるのを見るだけでも、その子としては、言ってよかったと思いますよね。

髙橋　そうですね。一斉授業をしていてよくわからない発言が出たときに、以前は、一応聞いてあげて、わからないなと思っても、「なるほどね」と言って、何となくわかったふりをして流していったことがありました。でも、それは教師の都合で、「この時間の中でここまで到達させたい」「みんなでここまできちんとたどり着きたい」みたいな思いが強かったからだと思います。

今では、一時間で本時のねらいにいかなくても別にいい、何時間かかってもいい、と思っています。ある子が一生懸命、自分なりの考えを発言したことを流して、的を射た発言をする子にだけ目を向けるのではなく、意味がうまく伝わってこなかったとしても、がんばって発言をした内容に教師もきちんと耳を傾け、周りの友達もきちんと聞く。ちゃんと聞いてもらえたという経験をさせてあげることが大事だと思います。

そうやって時間をかけて聞いてあげると、その子も少し満足をしたり、「〇〇くんが言いたいことはこういうことなんじゃないか」と助け船を出してくれる子が出てきたりするようになります。

阿部　なるほど、そういうことですね。

髙橋　そういう時間をつくることを心がけています。そうやって時間を取ったことで、その子が言いたかったことが、はっきりわかることもありました。

阿部　先生が傾聴的な聞き方をする姿勢は、絶対子どもたちのお手本になっているので、そこでわかったふりをしないとか、流さないで食い下がるとかいうこと。あまりしつこいと、かえってプレッシャーになってしまう子もいるので、そのあたりをうまくやりながら、でもその子のことをわかりたいという姿勢は、先ほど川上先生がおっしゃった共生的な姿勢につながると思います。

違いは認めるが、「何でもあり」ではない

川上　話が戻りますが、先ほどの「感じ方を問う」のスライドを見ていたら、「一番悲しいと思うところは?」となっていました。あれがけっこうポイントだなと思いました。要は、選択肢の中から選ぶということで、広がり過ぎないんですよね。

高橋　そうですね。

川上　突拍子もないことも出る可能性はあるけど、それは選択肢を示し、その中から選ぶという場面をつくることで、かなり少なくしているのではないかと思いました。何の工夫もなく「どう感じた?」という質問をする授業が多い中で、かなり工夫をして、差異ははっきりしているけど、それでもなおかつ、全部正解としてとらえることもできそうな土台をつくっていらっしゃると思いました。

高橋先生が提唱する「もしも発問[*11]」なども、選択肢の中からじゃないですか。

高橋 そうなんです。「もしも〇〇だったら、どうかな？　賛成？　反対？」みたいな感じなので。

川上 そこが髙橋先生の授業の工夫の大きなところなんだろうなと思いました。

阿部 特別支援の視点でも、オープンクエスチョンで「どう思った？」「どう感じた？」「気づいたことある？」と聞くと、答えにくい子が多いんですよね。でも、たとえば「この中から選ぶとしたらどれで、他を選ばなかったのはなぜか？」という形にすると、どれかを選ぶだけでもいいし、それを選んだ理由を説明するのでもいいし、「除外した結果、これが残った」みたいなことでもいいわけです。全員が授業に参加し、全員が考えられるようになりますよね。

可能性は無限にある

髙橋 子どもたちの考えをおもしろがるとか、一人の学び手としていっしょに考えることを楽しむみたいな、教師がそういうスタンスを取ることが大事なのではないかと思っています。

先ほどの「ごんぎつね」で、どこが一番悲しいと思うかという発問の場合は、どこを選んでも許

＊11　髙橋達哉『「一瞬」で読みが深まる「もしも発問」の国語授業』東洋館出版社、二〇二〇年。

容されるので、こだわりの強い子が「絶対ここだ」とずっと主張していてもまったく問題ありません。その発問をしたのは授業の前半で、そこまでの場面で人物のどういう心情が読み取れるのかというのをみんなで共有していく段階だったので、多様な解釈があっていいわけです。

でも、授業の後半では、子どもたち全員に本時のねらいに迫ってほしいという思いが出てきます。「ごんぎつね」の場合、授業の後半は、「青いけむりが、まだつつ口から細く出ていました」という情景描写の一文への着目を促していきます。色彩や景色の描写から人物の心情や場面の様子が読み取れるということを国語科の表現技法としてきちんと教えていく。まさにここは焦点化です。ここについては、できるだけ全員で確認したいわけです。

ここをたとえば「普通、煙は白いから、白い煙にしたほうがいいよね？　もし白い煙だったらどう思う？」というような「もしも発問」をすると、「いいと思う」「だめだと思う」という二択になります。ここでは全員に「青い」ということが「悲しさ」を表しているということの理解を促したいので、子どもたちには「白ではだめだと思う」と言ってほしいという思いがあります。

ただ、「普通は白いから、白のほうがいいと思う」という子もやはり教室の中には出てきます。私は数年前までは、そういう子が出てくるのがいやで仕方がなかった。

阿部　なるほど。普通はそうですよね。

髙橋　そうなんです。いかにそういう子を出さないように授業を進めるか、と。

阿部　授業のねらいから外れた意見を封じてしまうんですね。

髙橋　そうなんです。いかに封じるかということに本当に苦心していました。でも、いいと思うかだめだと思うか、「感じ方」を聞いているのに、片方の選択肢の感じ方を封じてしまうのはひどいな、と思って。感じ方を聞いた以上は、どちらかに無理強いしてはいけないな、と。そうすると、こちら側の心持ちとして大事なのは、「白いほうがいい」と言った子も、きちんとその場では認めてあげるということ。

あと、自分の意図と違う意見を封じたいと思っていた理由は、「四五分の授業の中で全員に情景描写をわからせたい」という願いが強かったからなので、「教師がそう思わなくなればいいんだ」と。つまりは、「この四五分の中で、その子が情景描写をつかめなくてもいい」と思えばいいんじゃないか、と。今ではそう考えるようになりました。

阿部　それは「見捨てる」ということではないんですよね？

髙橋　そうなんですよ。その子にとっては、この場面のこの描写は情景描写として感じ取れないものだった。ただ、別の場面だったら感じ取れるかもしれない。別の作品だったら感じ取れるかもしれない。別の場面で友達からある発言があったら、それに共感してわかるようになるかもしれない。いつどこでその子がわかるようになるか、可能性はまだまだ無限にある。だから、その場で無理強いしなくてもいいと思えるようになってきました。そう思うようになってから、「授業をこうしなければいけない」みたいなプレッシャーから解放されて、純粋に子どもたちの考えを楽しめるようになっていったんですね。私の考え方の変化がありました。

阿部　そこまではなかなかたどり着けませんよね。「ここで押さえられなくても、別のところできっとこの子は学べる」とか、「時間どおりに進められなくても、ここで立ち止まって子どもたちの話に傾聴しよう」とか、思いどおりにいかなくてもそこを楽しめるようになったのは、どうしてでしょうか？

髙橋　「もしも発問」というものを追究しはじめて、毎回の授業でAかBかを問うということをやっていると、私の思いどおりではないほうを選んでしまう子に出会うことがいっぱいありました。そういうときに、なんとかこちら側に向かせようとするのもいやでしたし、こだわっている子の様子を見ていると切ないような気持ちになっていました。「本当はAだと思っているけど、先生はBのほうにもっていきたい感じがするから、少しBの気持ちもわかってきたようにふるまおう」と。やはり、子どもたちがのびのび、自分の思ったとおりにふるまえていない姿を見るのが……。

阿部　忖度するというか、先生の期待するほうに迎合してあげるというか。

髙橋　そうなんですよね。そういう姿はいっぱい見てきています。

阿部　そこに気づけたのはすごいですよね。それを見ていて、これではいけないと思ったということですね。

やわらかに受け止める

髙橋　そうなんです。以前、「こまを楽しむ」という説明文の授業の話し合いで、事例の順序には筆者の意図がありそうだという話になりました。でも、こだわり傾向のある一人の男の子が、最後まで自分の考えを曲げずに「意図はない」と言い張っていたのです。

「もしも発問」の後も、その子は「意図はない」と言っている。でも、他の子はみんな「意図がありそうだ」と言っている。「意図がある」と考えた子たちの意見を全部聞いた後に、最後にその子に「どう？　今のみんなの話を聞いていて、筆者には何か考えがありそうだなと思った？」と振ってみました。そしたら、それでもその子は「いや、ない」と言ったんですね。

みんなで「やっぱりそうだよね」みたいな感じで笑って、いい雰囲気で終わったんですが、その授業が私の中では印象的でした。最後までこだわっているその子のことを、みんなで本当に温かく、「変わらなかったんだね」と、悪いふうに見ていないというか、「それもありだな」みたいな。

阿部　「考えをしっかりもっている」というか、「そこを譲らないところも彼らしくていいな」「やっぱりね」みたいな。

髙橋　「これでいいんじゃないかな」と、そのときから思いはじめたんです。まずは教師が考え方を柔軟にしていくことが、インクルーシブな学級をつくっていくために大事なのではないかと。

阿部　そうですね。

川上　髙橋先生のお話はすごくおもしろかったですし、奥が深かったし、何より髙橋先生がこの年代でもうそこまでたどり着かれたことはすごいですよね。

授業をやっているときは、ちょっとした瞬間的な違和感はいっぱい感じると思います。教師は違和感の解消をめざしがちですが、その違和感をそれはそれとして尊重できるという髙橋先生の心持ちがインクルーシブな学級につながっていると思いました。

阿部　本当にそうですね。

川上　「自分も一人の学び手」という言葉が髙橋先生の口から出てきましたが、これは大きなキーワードなんでしょうね。今日はありがとうございました。

髙橋　こちらこそありがとうございました。

（二〇二四年八月二九日収録）

III

「ぴったり」を見つけるのがすてきなんだよ

北森　恵×菊池哲平×川上康則

ＵＤＬの衝撃

北森　富山県で小学校の教員をしております北森恵と申します。現在、小学校二年生の担任をしています。

　私はコロナでの全校一斉休校が明けてから、ちょっと聞きかじっていたＵＤＬの実践を取り入れてみようということで、その当時の三年生の学級で始めて、今五年目の実践ということになります。「学びのユニバーサルデザイン」ということで、子どもたちが学びの舵取りができ、友達と学び合いながら、なるべく自分たちの力で学習を習得していけるように支援するという形で授業を展開していることが多いです。

菊池　「ちょっと聞きかじっていた」ということですが、ＵＤＬとの出会いはどんな感じだったのでしょうか？

北森　北海道の山田洋一[*12]先生を富山県にお招きした際に、山田先生がご紹介くださったのがＵＤＬだったんです。こういう授業の形もあるんですよということでご紹介いただいて、そのときはすごく衝撃的でした。その当時の富山県は、「美しい授業」をめざしていたように思います。担任の発問に数人の子どもが発言し、発言しない子どもたちはそれを聞いている。そのようなＵＤＬとは真逆の授業をよく見ていたので、こんな授業があるのかとびっくりしました。

川上　川俣智路[*13]先生が北海道教育大学に移られた年に、山田先生もたまたま大学院に行かれていて、そこでUDLについて学ばれたんですよね。出会いが出会いを生みますね。

北森　はい。その後、コロナの全校一斉休校が始まって、その当時はまだ子どもたちに端末は配布されていませんでしたから、子どもたちと手紙でやりとりをしたり、電話で声を聞いたりしていると、想像以上に人とのかかわりに飢えていることが伝わってきました。

そんな、やっとの思いで休校が明けて子どもたちが帰ってくるときに、みんなが押し黙るような授業はよくないだろうなというのがあって、間違っても失敗してもいいから、とにかくやってみて、できなかったらまた考えればいいか、と見切り発車的な感じでUDLに取り組んでみたというのが実践の最初でした。

菊池　コロナでの休校明けの学級づくりのためにUDLを、と思われたわけですか?

北森　はい。

＊12　北海道公立小学校教諭、教育研修サークル「北の教育文化フェスティバル」代表。著書に『個別最適を実現する! ユニバーサルデザインで変える学級経営ステップアップ術60』(全二冊、編著、明治図書出版、二〇二二年)等。

＊13　北海道教育大学大学院准教授、同大学未来の学び協創研究センターUDLラボメンバー。著書に『ICTを活用したこれからの学び:次世代を担う教師のためのICT入門』(共編著、一莖書房、二〇二二年)等。

菊池　ＵＤＬのどこが衝撃的で、これをその状況の中でやってみようと思ったのかというのを、もうちょっと聞きたいのですが。

北森　衝撃的だったのは、教師が前に出るということがほとんどないことです。授業の大半を子どもたちが自分たちで組み立てて、自分たちで選択して進めていくという授業展開を私はあまりしたことがありませんでした。協働的な学習もしていましたが、やはり前にいるのは私自身で、それに子どもたちが乗っかってくるというものでした。

でもＵＤＬはそうではなくて、「こういう学習課題でいきます、ゴールはこれです」と言った後、子どもたちが「じゃあ、僕はこうしてみよう」「私はこうしてみよう」というふうに自由に選んで進めていきます。その姿に最初はとまどって、これで本当に大丈夫か、これでやっていけるのかなという不安もあったんですけど、やっぱり学びというのは自分で気づいて獲得していくのが楽しいでしょうし、意欲も増すんだろうなと感じていました。

とまどいから確信へ

菊池　でも、ご自身の今までの授業のスタイルをガラッと変えてしまうわけでしょう？　そのあたりでの不安とか、周囲の先生方から何か言われたとか、そういったことはありませんでしたか？

北森　ガラッと変えるので、とまどいもありました。そのときはエアコンが入っていない学校だったので、「やりやすいところで学んでいいよ」と言ったら、「暑いな」と言って子どもたちが廊下に出るんです。廊下に寝そべって、「床、冷たい」と言いながら、「これ、こう解けばできるかな？」と友達と学習しているのを見ていると、ちょっとハラハラはしますね。これで本当にいいのかな、と。

「グー・ペタ・ピン」という言葉はご存じですか？「座って、膝に手を置いて、足の裏を床に付けて、背中を伸ばしてお話を聞く」というのが教室にも貼ってあったので、そういうのを見ていると、全然「グー・ペタ・ピン」ではないので、この授業で本当に大丈夫かな、学習の基盤としていいんだろうかという、それまでの自分が大事にしてきたことと葛藤する場面はありました。

でも、やっぱり子どもたちの熱量が全然違う。自分が前に立って授業をしていてもそれなりに楽しそうにしていましたが、こういう自由な姿でやっているほうが子どもたちってこんなに輝くんだな、もうちょっと続けてみようと思ったんですね。

ある日、校長先生がたくさんの子どもたちが廊下や床とか、教室のいろいろなところで勉強しているのを見ていました。

後で校長室に呼ばれたので、叱られるなと思って行ったんですが、「北森さん、あれは何をしているの？」と聞かれて、実はＵＤＬという考え方があって、子どもたちに学びの選択肢を与えて、自分たちで学びを舵取りしていけるように試行錯誤しているところなんですという話をしたら、校長先生から「すごいね」と言われたんです。あの姿はすごい。子どもたちが誰も無駄な話をしていない、と。

また、子どもたちが休み時間に「もっとやりたかったね」と話しているのを聞いて、「何をそんなにもうちょっとしたかったの？　体育？　図工？」と聞いたら、「算数！」って満面の笑顔で答えたらしいんです。

校長先生がそれを聞いて、これはぜひ全校でやったほうがいいと言ってくださったり、学年の先生たちからは、なぜ北森先生のクラスの子どもたちはあんなに集中して学習に臨めるんですか、と見に来られたりされたのもあって、自分がハラハラしていたことが、他の先生たちからはすごくプラスというか、いいふうに子どもたちが変わっているると、好意的に受け止められました。

新しいことをすると周りから反発があるという声は聞くんですけれど、子どもたちが変わっていくのをやっぱり周りは敏感に見ているんだな、と思いました。その当時の校長先生や同僚が、私の実践を支えてくれていたと思います。

菊池　今のお話をおうかがいして、二つポイントがあるような感じがします。

一つは、管理職である校長先生の柔軟さです。一般的な学校だと、廊下で寝そべって勉強しているような子を見たときに、やっぱり「何やってるんだ！」というふうに評価されることが多いと思うんですよ。そこを頭ごなしに言うのではなくて、いったん北森先生の意図を確認して、よいと思ったものはどんどん他の先生たちにも広げていこうという、そういった柔軟さがあることが一つのポイントだと思います。

もう一つは、子どもたちが集中して学習を楽しんでいる姿を、他の先生が評価してくださっている。パッと見ると、本当に集中できているのかなと評価されることが多いと思うんですよ。そのあたりを逆に、周りの先生がちゃんと見てくれた。つまり、姿勢は悪いかもしれない。それぞれ勝手なことをやっているように見えるかもしれない。でも、子どもたちが集中して、勉強がおもしろいと思ってやっているということを見られる力を、周りの先生がもっているわけですよね。

UDLの「肝」

川上　ここまでの話だけ聞くと、「廊下で寝そべっているのがＵＤＬ」みたいな誤解を与えてしまうかもしれないので、廊下に寝そべっているとか、姿勢とか、そういうのはそんなに重要ではなくて、北森先生は、子どもたちがどうなっていることが一番大事だと思っていらっしゃるのかを聞きたいです。

北森　そうですね。そのとき集中できる環境を考えた結果、冷たい床におなかをくっつけて勉強することだったと思うんですけど、子どもたちが自分はこういう学び方が合っているとか、自分はこういうことは苦手なんだけど、この方法だったら達成できるはずだとか、あとはめあてに向かってなんとなく自分の学びの見通しが立つというか、そういうことが身について初めてＵＤＬは効果があったと言えると思います。

川上　そこまでお膳立てをしても、「いやだ」とか「やらない」とか言う子はいませんか？

「ＵＤＬはオプション志向型」と表現されることもあるように、多様な学習者のための環境をあらかじめ整えていくことが、ＵＤＬの肝なんだろうと思っています。

北森　「いやだ」ということはないですが、うまく集中できなかったということはあります。子どもたちにはいつも振り返りを書かせているのですが、その中には「この方法では失敗だった」とか、「こういう方法を取ってみたけど、今日はできなかった」「この前はうまくいったのに、今回はこれではできなかった。だから、次はこうしてみたい」というふうに赤裸々に失敗を書いてくるので、この子は今日は、自分の中ではうまくいかなかったと思っているんだ、ということはあるんですけど、すべてにおいて拒否というのは、あまりないですね。

「拒否」ではないのですが、そのとき立ち歩いている子には、私がうまく環境設定できなかったのはなぜかな、というのはよく考えています。ある男の子が、一学期の振り返りで「できんかった」と一言だけ書いていたんですね。それを読んだときに、「〇〇くんはどうしてできなかったと思った？　どうしたらできると思う？」と返したら、その子は「友達とおしゃべりをしてしまって、何をするかわからなくなっちゃった。だから、今度は先生の近くで勉強する」と書いてきたんです。

その次の授業は、私が「今日はこういうのをやるよ。こういうオプションがあって、こういうゴールをめざすんですよ」と話をして、あとは子どもたちが進める授業でした。すると、その子は前に来て、私のすぐ隣りで教科書を開いて、ノートを開いて、「やるぞ!」とやり始めて、その日は「うまくできた。よくわかった」と書いたんです。

だから、拒否というよりは、私が用意した環境がその子にフィットしなかったんだな、という感じのことはよくあります。

私は、うまくいくことだけを望んでいるわけではなくて、「失敗の中からどんな学びを見つけられるか」という問いを立てるようにしています。

適切な選択肢

川上　オプションは多ければ多いほどいいんですか？　オプションの考え方を川俣先生にちょっとうかがったんですけど、オプションを設定するというのは、こちらの道筋をあちこちに散らばらせたくないという思いもあるんだと言われたんですね。だから、オプションが何でもありみたいになってしまうと大きく外れてしまうことがあるけど、選択肢があることで、実は道筋を整えていくことができると言われていました。

オプションが数多くあるのがいいのか、それとも北森先生なりに、ある程度、限定するために条件みたいなものを設定されているのか、いかがでしょうか？

北森　川俣先生がおっしゃるのはなんとなくわかります。

私はオプションを用意するときに、いつも山に登るときの山小屋をイメージしています。山小屋がルートを外れていろいろなところにあったら、道に迷ってしまうと思います。ある程度、道筋に沿って山小屋があって、疲れやすいポイントにちょっと大きめの食堂が入っている山小屋があったり、用途に沿って設置されていたりすると思うんです。そういう感じのものがオプションかな、と最近は思っています。

クライミングとかでも、つかむところがルートに沿ってあるように、子どもたちが滑り落ちそうなところに、グッとつかめるフックがあるような感覚のものがオプションかな、と。

多すぎれば、たぶん子どもたちは道に迷うし、私たちも続けられないと思います。持続可能な学び方ではなくなってしまうので、やっぱりある程度、精選する。初期はすごくいっぱいつくっていて、こんなにあるよという説明をするだけで時間がかかっていました。でも、今は、たりなかったら子どもたちが教えてくれるかなと思いながら、「次の時間までにまた用意するね」という感じで、ある程度絞ったものを用意しています。

川上　今は具体的にどんなものに絞られているんですか？

北森　算数で言うと、これが王道かなという解き方がいくつかあるとしたら、それに向かうための難易度がちょっと違うワークシートがあるような感じです。

国語だったら、作文とか自分の考えを書くとか、そういう学習課題に向かってでは、それこそまったく書けない子もいますから。まったく書けない子用として単語を拾って書くような空欄の多めのものから、自分でばんばん書ける子たちには、マスの小さい二〇〇字詰めの原稿用紙のみみたいなこともありますし。原稿用紙はいやだからノートに書くという子もいますし、パソコンがいいという子はタブレットで書いたりしています。

めあてに沿って、その子がどんなふうな困難をもっているのか想定できる、ある程度つかみ取っている困難さに合わせたオプションですね。なので、これはいらないだろうというものはあまりオプションとして用意しないと思います。

川上　個を想定されているということですね？

北森　そうですね。

菊池　今の話は、特別支援学校とか特別支援学級での授業づくりと軌を一にしていると思うんですけど、川上先生はそのような発想、手段とか考え方で、授業づくりとか、子ども一人ひとりに対する支援とかを考えられていないですか？

完全に自由にするわけじゃないし、オプションが数あればいいというものでもない。北森先生は、学びの方向性や目標のねらいを定めながらも、いくつかのルートや選択肢をつくっておいて、それを個々に合わせて試行錯誤されているのだと思います。そうやって授業づくりをしているところは、かなり近いと思ったのですが、どうですか？

川上　予想外にその子にフィットするときもあるし、「あ、この子はこれを選んだんだ」というときもあります。さっき北森先生がおっしゃっていたように、その子なりに失敗を経ながらつかみ取るものもあるんじゃないでしょうか？　その子がどのような学習方略で学ぶかという「プランニング」や、自身を他者視点に立って俯瞰的に見ることができるかという「メタ認知」の発達などもふまえながら、その子の成長をうかがうところは共通していると思います。

あとは特別支援学校の場合、「いやだ！」「無理！」「やらない！」という子が何割かいるんですよね。その一方で、「全部やりたい」という子もいるので、そこもまた個にどう合わせるかというのは常に考えているところです。

菊池　川上先生もおっしゃっていたとおり、いろいろ選択肢を準備しても、それでもだめだとか、あるいは、明らかにこれだと学びが進まないんだよなというものを選んでしまうお子さんはやっぱりいるんじゃないかと思うんですが、実態としてはどうなんですかね？　こちらの意図としては、AかBかCのうち、明らかにこの子にはAが向いているんだけど、Cを選んでしまうような場合もあると思うのですが。

自分の「ぴったり」を見つける

北森　ありますね。特に最初は、だいたいみんな道に迷うというか、うまく自分に合うオプションを選ぶことができません。子どもたちは、失敗しながら、自分に合う学び方を少しずつ学んでいきます。

「あなたはAのほうがいいのに」と思っているのにCを選ぶ子がいたとしても、Cを選んでも、「やっぱりCだとだめだった、Aにする」と言える環境にするのが学級経営だと思います。だから、授業をいくら設計しても、けっきょく、子どもたちがそこで自由に学びを選べるかどうかというのは学級経営にかかわってきていると感じています。

菊池　自分の特性や自分に合っているものを選ぶというよりは、他の子どもを見て流れていったり、特に、たとえばクラスの中でよく勉強ができるタイプの子がこれでやっているから、たぶんこっちがいいんだろうみたいなことを気にする子はけっこういませんか？

北森　いますね。私は今年異動してきたのですが、最初のうちは、賢い子がAを選ぶと他の子もAを選ぶということがよくあったんですけど、それは私の説明不足だったなと思います。

難しいものをやることがゴールではないし、格好いいことでもすごいことでもない。自分にぴったり合うものを見つけられることが、すごくすてきなことなんだよ。それが学びということなんだよ、ということを丁寧に伝えたら、その授業からは割と自分に合うものを選ぶようになっていきました。

提示されたオプションを試してみる中で、「このゴールにたどり着くには、自分はこの方法が合ってるんだ」と気づく子どもが出てきます。方法ではなくゴールを認識できることが、オプション迷子にならないためには必要なのだと思います。たぶん自分に合わないものを選んでしまう子は、「○○さんと同じことをやる」ということがゴールになってしまっているのだと思うので、そうではないよという説明をすごく時間をかけてするようになりました。

菊池　それはどれぐらい時間をかけているのですか？　今年転勤してきて、子どもたちは北森先生のやり方を知らないわけですよね？　おそらく今までは、一斉授業の形をずっとやっていたと思いますが、だいたいどれぐらいで子どもたちは変わってきたのですか？

北森　授業の呼吸が合ってきたなと感じるのは、やっぱり一か月ぐらいですね。学級がだんだんとなじんでいくのに合わせて、私の話も彼らにしみ通っていくというか。

菊池　一か月ぐらいでそれくらい子どもが変わってくるというのは、すごいですよね。学年差もありますか？　たとえば、低学年のほうがすぐそのあたりを変えやすいとか？

北森　私がこれまでＵＤＬを実践したのは三年生、四年生と持ち上がりの二年間。その後一年生、二年生の持ち上がりの二年間、そして今の二年生です。

方法を理解するのがすごく早いのは三・四年生なんですが、次にやったのが一・二年生で、一年生は本当に真っさらの状態から授業を始められるというのがあって、やり方というよりは、私の考えているマインドが浸透しやすいですね。まだ高学年で実践したことはないんですけど、中学年と低学年を比べるとそういう違いはあると思います。

川上　北森先生が担任された後の学年で、子どもたちが「グー・ペタ・ピン」の教室で学ぶことになったときに、不満とか、場合によっては学校への魅力自体を失ってしまうということはないですか？　もしかしたら、学級じまいのときとかに、次の学年ではこうなるかもしれないよ、みたいなことをおっしゃって送り出しているのかもしれませんが。その後のことはどういうふうに考えていますか？

北森　常々子どもたちに言っているのは、先生のやり方ということではなくて、あなたたちが自分の学びをどうつくっていくかということが大事なんだよ、ということです。

私が三・四年生を受け持った後に担任をされた先生からうかがったエピソードがあります。その先生が学習課題を書いているのを見て、「その課題では何をめざすかわからないから、もうちょっとわかりやすく書いてください」と言った子どもがいたそうです。それは「ゴールを意識して学ぶ」

ということが身についている姿なのかもしれません。

また、学年全体で同じような感じでやっていたのもあって、振り返りをすごく丁寧に書く学年だという話は聞きました。「今日はこういうふうにやってみたんだけど、こういうことがわからなかったから、自学でもちょっとここをやっていきたい」とか、そういうふうに書いている子が割といるのが驚きだ、と。私の手を離れた後も、自分なりに自分の学びを振り返るというか、何をめざすのかを考えながら授業に参加しているという様子はよくうかがっていました。

ブレーキは自分自身

川上　もし先生の実践にブレーキがかかるような要因があるとしたら、どんなことが想定されますか?

北森　ブレーキをかけるとしたら、たぶんそれは私の怠慢だと思います。自分がもうこれでいいかと思うことが、やっぱり一番怖いですよね。今、昨年度と同じで二年生を担任しているのですが、子どもが違うのに昨年度と同じ方法でやろうとして、やっぱり全然しっくりこないわけです。そのときに一瞬、「なぜ前の子たちはできたのに、この子たちはできないんだろう?」という考え方になったときに、ハッとして、これが一番怖いと思ったんです。

目の前の子どもたちを見て、その子たちに合わせて考えなくてはいけないのに、自分の方法に合わせようとしている自分がいたんですね。別の子どもたちでうまくいった方法を知っていると、その方法に合わせようとする力はどうしても働いてしまうので、そうならないようにしなければいけないと思っています。

ですから、一番のブレーキは自分自身なんでしょうね。「今日はもうこれぐらいでいいか」とか、「本当はこのオプションをつくったほうがいいんだろうけど、今日は疲れているからちょっと勘弁してもらおう」とか思ってしまうこともありますから。

川上 めちゃめちゃ格好いいですね！「もうこれくらいでいいか」と思う自分がブレーキだ、と。

北森 ブレーキがかかるとしたら、それしかないと思います。

菊池 実際、どれくらい準備というか、授業づくりにかけていらっしゃる感覚ですか？ オプションを準備しないのは自分の怠慢だとおっしゃいましたけど、授業準備の時間を確保するのが難しいこともあると思います。具体的に、どれくらい時間をかけていますか？

北森 一番時間をかけているのは、「振り返りシート」です。子どもたちにとってわかりやすい言葉にした単元の目標とか学習課題の一覧とかを最初に配って、「みなさんはこういう勉強をして、こういう力がきっとつくはずなんですよ」という話を子どもたちにしています。

「振り返りシート」には全時間分の振り返りの欄が付いているんですけど、全体を見通して何が必

水のかさのたんい　　　　　　　　　　　　　　　名前（　　　　　　　　　　　　）

＜目ひょう＞
① 水のかさのたんいや、はかりかたをおぼえて、みのまわりにある水のかさをはかることができる。（知）
② 水のかさのかんかくをみにつける。（知）
③ おなじものではかることのよさに気づく。（思）
④ 入れものに合わせて、水のかさのたんいをえらぶことができる。（思）
⑤ みのまわりにある水のかさにきょうみをもって、生活の中でつかおうとする。（主）

＜学しゅうのながれ＞

① 66～67ページ	長さの学しゅうをもとにして、水のかさのはかり方を考えよう。
② 68～69ページ	水のかさのたんいを知って、かさをはかろう。
③ 69～70ページ	大きな水のかさをあらわすたんいをおぼえよう。
④ 71ページ	2つのたんいをつかえるようになろう。
⑤ 72ページ	小さいかさのたんいをおぼえよう。
⑥ 73ページ	水のかさのけいさんができるようになろう。
＜7/12～15 しゅくだい＞74ページ「いかしてみよう」 ① 家の中で、mLやLのたんいがつかわれている入れものをさがしましょう。 ② 見つけたもののしゃしんをとって、クラスルームにていしゅつしましょう。	
⑦ 74～75ページ	もんだいをといて、にが手なところを見つけよう。
⑧ テスト	テストで力をためそう。

① 長さの学しゅうをもとにして、水のかさのはかり方を考えよう。		
A	B	C
1 AとBの水とうのどちらが多く入るか、考えた。 2 長さの学しゅうをもとにして、水のかさのはかり方を考えた。	1か2のどちらかができた。 （ ）1ができた （ ）2ができた	どちらもできなかった。

図1　振り返りシート

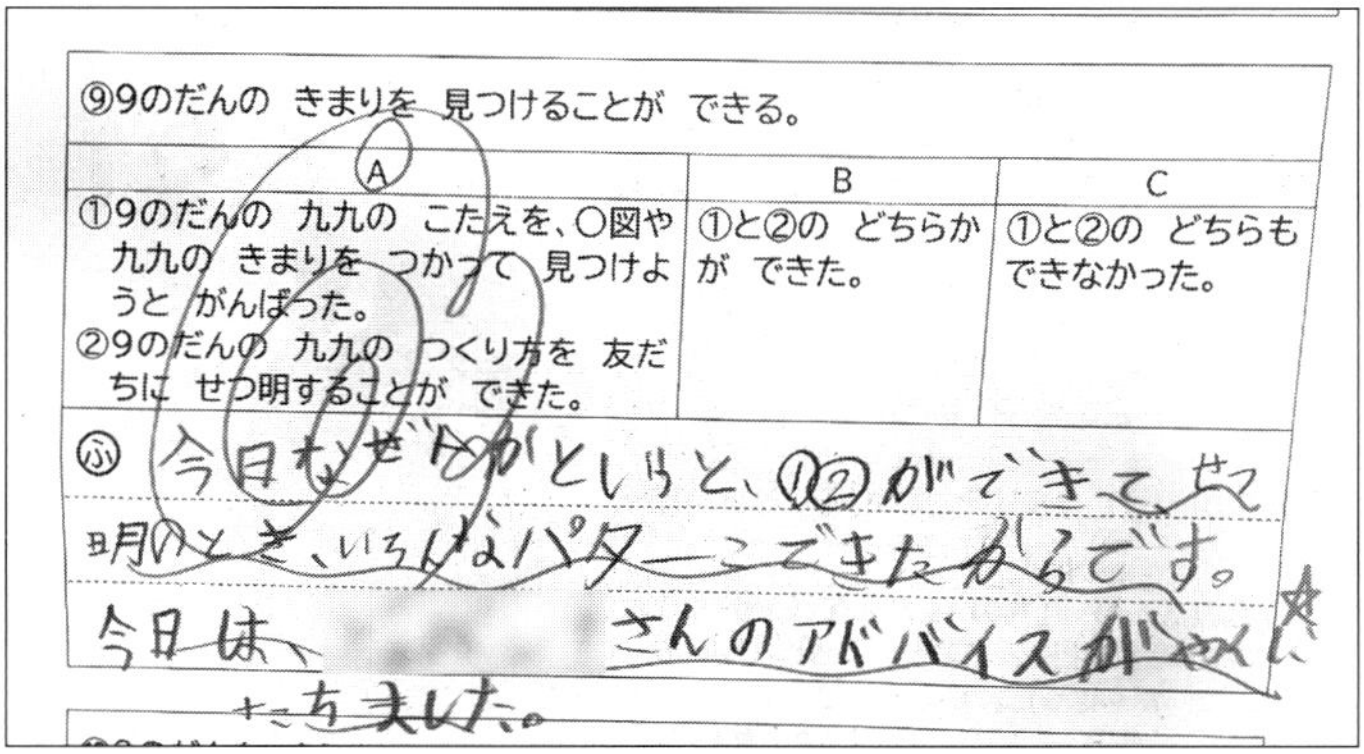

⑨9のだんの　きまりを　見つけることが　できる。

A	B	C
①9のだんの　九九の　こたえを、○図や九九の　きまりを　つかって　見つけようと　がんばった。 ②9のだんの　九九の　つくり方を　友だちに　せつ明することが　できた。	①と②の　どちらかが　できた。	①と②の　どちらもできなかった。

ふ 今日なぜ◎かというと、①②ができて、せつ明のとき、いろんなパターンできたからです。今日は、[redacted]さんのアドバイスがやくにたちました。☆

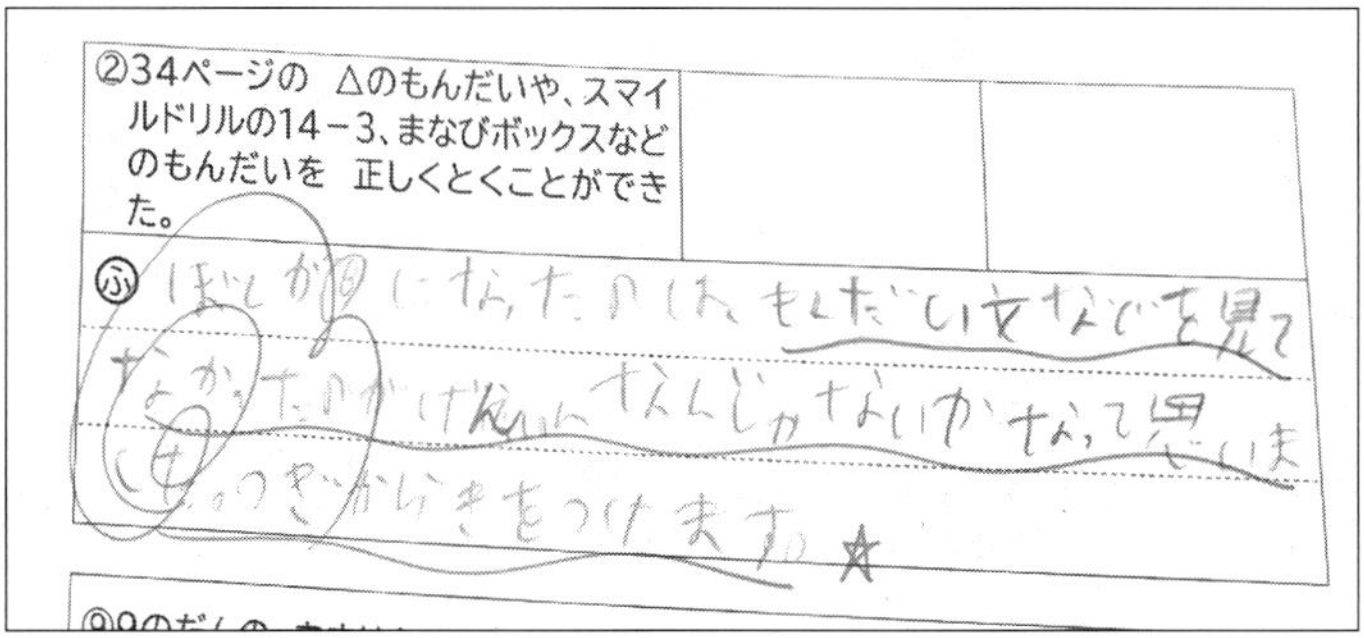

②34ページの　△のもんだいや、スマイルドリルの14－3、まなびボックスなどのもんだいを　正しくとくことができた。		

ふ ぼくが○になったのは、もんだい文などを見てなかったのがげんいんなんじゃないかなって思います。つぎからきをつけます。☆

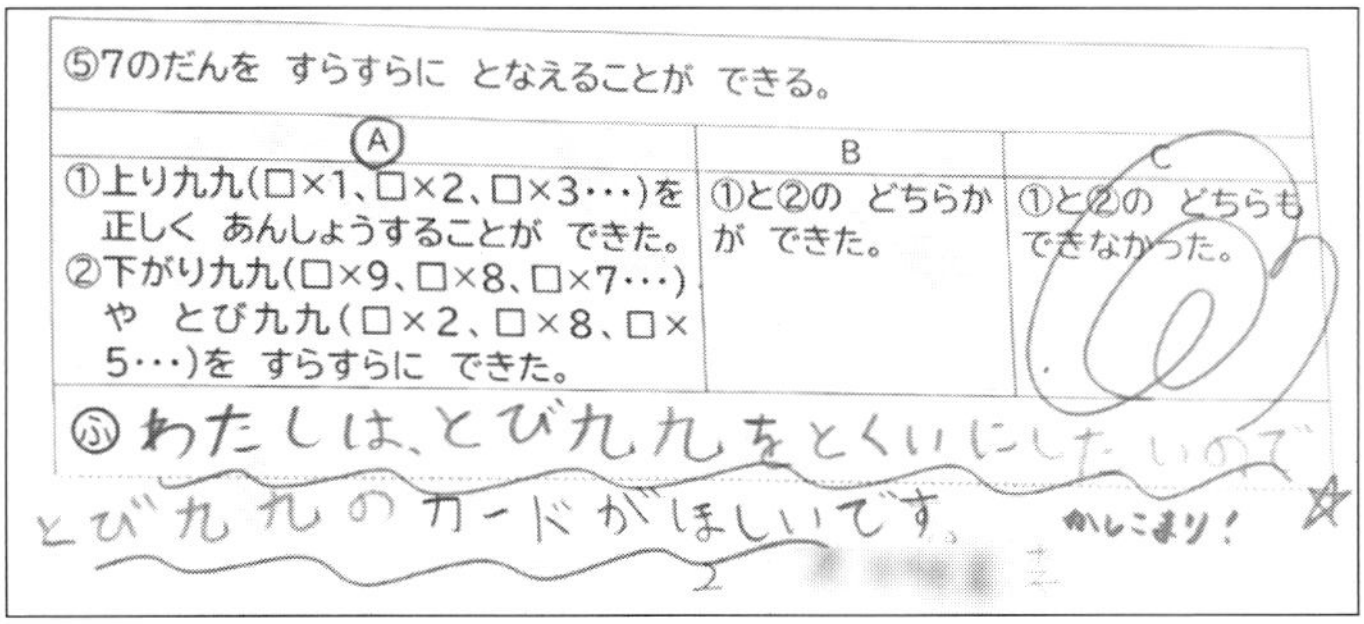

⑤7のだんを　すらすらに　となえることが　できる。

A	B	C
①上り九九(□×1、□×2、□×3・・・)を正しく　あんしょうすることが　できた。 ②下がり九九(□×9、□×8、□×7・・・)や　とび九九(□×2、□×8、□×5・・・)を　すらすらに　できた。	①と②の　どちらかが　できた。	①と②の　どちらもできなかった。

ふ わたしは、とび九九をとくいにしたいのでとび九九のカードがほしいです。

かしこまり！ ☆ [redacted]

図2　各時間の振り返り

要かとか、こういうときにこういう困難が出てくるだろうというふうなことを教科書とか指導書とにらめっこしているときが一番時間がかかります。オプションづくりはもう慣れてきていますし、UDLのガイドラインやルーブリックも参考になるので、それ自体はあまり時間がかからないんです。

背景への想像力

菊池　インクルーシブな通常学級をこれから実現させていきたいという大きな目標があるんですが、そのためには今どのようなことが必要だと考えているかをお聞かせください。

今、準備にどれくらい時間かかるのかという話をしたのは、実現可能性についてうかがいたかったからです。北森先生だからできているんじゃないかとか、オプションを準備するのが負担だということはよく言われていると思うので。慣れてくれば、オプションをつくるよりも、むしろ単元目標をどう設定するかといった教材研究に時間をかけているというお話でしたが、北森先生ご自身の課題も含めて、これからどういったことが必要だとお考えになっていますか？

北森　そうですね。やっぱり子どもたちの背景への想像力は、教員にとってすごく大事だと思います。この子はできないと思ったら、もう終わってしまうんですよね。

だけど、この子はもしかしたらこういうことがあって、今はこれができないのかもしれないとか、こういうふうなことがあれば、この子は充実感をもって学習できるんじゃないか、生活できるんじゃないかというふうに想像する力が私たち教員にはすごく大事だと思います。「児童理解」という言葉もありますけど、相手を知りたいと思う気持ちが一番大事だろうと思っています。

より広い目で見ると、その人の背景が見えてきて、「自分はどんなかかわり方ができるか」とか、「子どもたち自身が学び方の舵取りをできるようになるために、自分は何をすべきか」とかを考えたことの副産物として見えてくるものがあるのではないかと思います。

菊池 今、先生は「副産物」とおっしゃったんですけど、子ども一人ひとりの背景を見る力というのは、もともと北森先生に備わっていて、そのお蔭でＵＤＬの実践に結びついているのか、それともＵＤＬの実践をしているからこそ、そういった視点が身についてきていると実感されているのか、どっちですかね？

北森 どっちですかね？　ＵＤＬとの出会いも大きいですし、私はもともと特別支援教育を専攻していたので、「その子の障害そのものに問題があるということではない」と考えてずっと実践してきました。その考え方が、ＵＤＬ実践の根底にあるというか、ＵＤＬに支えられているというか、ＵＤＬによって磨き上げられたとかいうことはあるかもしれないです。

菊池 なるほど、磨き上げられてきたということですね。

ゆらぎつつも前に進む

川上　コラムなどを読ませていただいても、北森先生はいろいろな怒りや憤りをエネルギーにして、それをばねにして行動に変えて、まだまだと自分を鼓舞して、子どもから学ぶという視点を忘れないでいて……そういう道を歩んできたと思うんですね。でも、そういう人はそんなにいないし、周りもそこまで願っているわけでもない。だから、どうふるまうと、今のような北森先生の進むべき道がキープできるのでしょうか？

北森　ぶれやすい人間なので、すぐ戻りそうになる自分がいつもいて、でも、そのときに「違うよ」と言ってくれる声があるというか。

川上　自分の内側からの声ですか？

北森　自分の内側からもありますし、周りにもそう言ってくれる人たちがいます。ＵＤＬに関しては北の教育文化フェスティバル[*14]のみなさん、学級経営に関しては赤坂真二[*15]先生、特別支援教育の視点に関しては大学の仲間たち。子どもたちも「先生、違うよ」と反応してきますし。

それを感じ取ると、やっぱりなんとかしなきゃと思って本を読んだり、勉強会に参加したり。常に「これでいいんだろうか？」と危機感をもちながら生活しているので、キープできるんだと思います。

子どもたちが変わっていくと、周りの先生たちも興味をもってくれるので、自分が進もうと思った道は、とにかく進んでみるようにしています。

菊池　北森先生がUDLを始めたときも、実際に子どもが変わっていくのを見て、周りの先生方は「あ、これは……」というふうに思われたんだと思います。

北森先生も川上先生も、やっぱり根本に特別支援教育の考え方がありますから、トライアンドエラーをおそれないというのが根本にありますよね。この子に対する正解があの子にも当てはまるわけではないということが前提にあるので、多様な一人ひとりの子どもをどう見ていくかとか、どういう手立てを打っていくかということの原動力になっていると感じました。

だから、通常学級で北森学級のような学級を増やしていくには、多様な子どもたちを一人ひとり見て、その子どもたちに最適な学習環境や学習の手立てをどうつくっていくかを試行錯誤しながら、一つずつ決めていくことが大切なのかなと感じた次第です。

＊14　北海道を中心に、全国で活動している教育研修サークル。

＊15　公立小学校等を経て、上越教育大学教職大学院教授。日本学級経営学会共同代表理事。著書に『アドラー心理学で変わる学級経営：勇気づけのクラスづくり』（明治図書出版、二〇一九年）等。

医学モデルから社会モデルへ

北森　もっとたくさんの方に特別支援の視点をもっていただきたいですね。通常学級にいると、授業に参加できない子とか、何か特性があるかもしれないという子がいると、すぐに「通級に行かせよう」「検査を受けさせよう」「薬を飲ませよう」みたいな感じになることが多いのですが、自分の学級で何ができるのかを考えたい。通級に行かせるとしても、週に一回とかのわけです。それ以外の二五時間ぐらいは教室にいるのだから、そこをもう少し考えたいな、と。

菊池　発想が障害の「医学モデル」なんですよね。障害は根本的に疾病とか何かが原因なのだから、だったら専門のところに行って対処してもらうのがいい、みたいな。つまり、通級とか特別支援学級に移籍することが支援だというふうに思ってしまう人がいるんですよね。

授業ＵＤとかＵＤＬとか、手立て的なところで通常学級でこういうことをしたほうがいいよね、というくら説明しても、根本的に医学モデルでとらえられてしまうと、「やっぱり移籍することが支援だ」「移籍を促すことが支援だ」「専門機関につなげることが支援だ」という発想になってしまうんですよね。それを変えていかないといけないなと思っています。

北森　今、私は四人で学年を経営しているんですけど、若い先生方には「通級に行かせることが支援ではない。その子をどう見てあげるかを考えて。あなたに何ができるかだよ」という話をするようにしています。草の根運動だと思って、地べたでやれることをやっていこうと思っています。

菊池　今日は具体的なところでの授業づくり、ないしは学級経営というところで、その難しさと、今後どういうふうにやっていけばよいのかというヒントをたくさんいただいたような気がします。

川上　はい。北森先生とお話ができて楽しかったです。

菊池　北森先生、今日はありがとうございました。

北森　本当にありがとうございました。

（二〇二四年八月二八日収録）

IV

誰か一人でも元気になれたら

小野絵美×菊池哲平×阿部利彦

どの子も支援が必要に見えた

小野　松本市立筑摩小学校という長野県の公立の小学校で、三年生の学級担任をしている小野絵美といいます。よろしくお願いします。

菊池　小野先生は学級経営の分野でご活躍ですが、ご自身の取り組みの中で、子どもたちを学級集団として育てていく、インクルーシブな学級集団をつくるということのきっかけは何だったのでしょうか？

小野　私は最初は自閉症・情緒障害特別支援学級の講師だったんです。そこから通常学級の担任になったのですが、どの子も特別支援が必要な感じに見えてしまって。そうして一人ひとりに手を入れていたのですが、学級経営がうまくいかなくて。

それで、学級経営を勉強したいという思いでカウンセリングとか構成的グループエンカウンターとかを勉強しはじめたのがきっかけでした。

菊池　特別支援学級を担当する前から特別支援教育とか発達障害とかを学んでいたわけでもないのですか？

小野　まったくですね。私たちの時代は大学では発達障害の勉強をしていなかったので、特別支援学級の担任になるまで発達障害の知識はほとんどありませんでした。そのときの同僚や保護者から、「病院でこういう講演があるから勉強に来て」とか、「ＳＳＴをやっているから見に来て」という感じで教えてもらいながら特別支援学級の担任をしていました。

菊池　それ以降はずっと通常学級なんですか？

小野　それ以後はずっと通常学級です。一年生から六年生まで経験させてもらいましたが、最近は低学年を担当することが多いです。

受容と秩序

阿部　以前、小野先生のお話をうかがったときにすごく印象に残ったのが、学級経営とか人的環境にカウンセリングの視点のようなものを取り入れていらっしゃるところです。人的環境は私も大事にしていることですが、援助要請とか、お互いに助け合うところとか、そういう視点がすごく印象に残っています。

小野先生は受容と秩序の両方を大事にされていると思うのですが、子どもたちを受容することと学級のルールは、相反するわけではないけど、どうやってバランスを取っているのですか？　特に一年生は、そこがすごく大事になってきますよね。

小野　はい、そうなんですよね。それまでは「秩序」の部分をいろいろ細かく言っていたのですが、一昨年、大学院で赤坂真二先生から学級経営について学んでからは、「受容」がすごく大事なんだと思うようになりました。それで、子どものいいところをフィードバックするとか、そういうことを意識して取り組むようになりました。

たとえば研究授業などで、この子はこういうよさがあって、この場面でこういう姿があったというように、子どもたちのいいところを見つけよう、みたいなスタンスでいました。そういう意味では、受容というか、自分のクラスの子のいいところをとらえて、「聞いて聞いて」と職員室で話すようなことは昔から大事にしています。

阿部　でも、ふざけているとかわざとやっているわけではないけど、できないという子がいたときに、その子を含めたあたたかい学級をつくるには、受容と秩序のバランスと、個に応じた支援との兼ね合いが大事になってくると思います。そうした点で、小野先生が意識していることはありますか？

要支援のお子さんがいる場合、待ってあげるとか責めないとか、そういうことが周りの子にとっての理解につながると思うんです。一年生だと理解するのが難しいから、小野先生はどういう言い方をしていらっしゃるのかな、と思って。

小野　低学年だと、できないような子に私がそのまま目を向けると、クラス全体がその子を見て、

「『気になる子』を気にし過ぎる子」が出てきてしまうと思います。
私は学生時代に不登校やひきこもりの子とかかわる機会があったのですが、そこから、特に低学年は、まずは元気に学校に来られることが一番大事だと思っています。
なので、その子ができないことを目立たないようにカバーしたりとか、「『助けて』と言えるのもいいよね」などと話したり、「できなかったけど、こうやってがんばっていてすごいよね」と周りの子たちに伝えたりするようにしています。さり気なく、どの子にもそのように接することは大事にしていますね。

阿部　援助要請が小野先生のテーマになっていると思っているのですが、低学年のうちは、配慮を要するお子さんも自らＳＯＳを出しやすい感じはありますか？　ＳＯＳを出すのが苦手な子もいるでしょう。

小野　低学年だと、援助要請が得意な子と苦手な子との差が激しいんですよね。でも、学級経営として、どの子も援助要請できるようになることを大事にしたい思いがあります。

阿部　低学年では「援助要請過剰型」の子と「援助要請回避型」の子とにすごく乖離がある感じなんですね。でも、最終的には自分で解決するために援助を求めるという「援助要請自立型」に近づけていく意識なんですかね？

小野　そうなんです。最終的には、どの子もできるようになることをめざしています。

菊池　現在の取り組みについてもう少しおうかがいします。長野県は独自の学校教育文化があるイメージなのですが、そういう独自性を感じることはありますか？

小野　ありますね。信濃教育会といって、明治時代から続く教員の組織があります。その会にはいろいろな委員会や研究会があって、新しい令和型に変えていかなければいけない面もあるのですが、でも、今まで大事にしてきた部分が根底にあるので、そこを上手に紡ぎながらやっていきたいという思いがあります。

菊池　伝統的な教育文化がずっと残っている部分があるわけですね。では、学級経営の仕方とかも「昔ながら」というニュアンスが強いとお感じですか？

小野　そこが難しいんですよね。伝統としていい部分もあるのですが、学級経営などは変えなければならないこともあるのではないかと、正直なところ思っています。

たとえば、子どもがいい行動をしたら、それをすぐにフィードバックしたいと私は思うのですが、厳しく育てたいと思っている職員もいるので、学級経営で大事にしたい価値観をすり合わせるのが難しいというか、課題には感じています。

菊池　そのへんは赤坂真二先生もいつもおっしゃっていますよね。今、赤坂先生は日本学級経営学会をつくって、理論的な部分も含めて学級経営を体系化していこうとしていますが、今まではそれぞれの先生にお任せのような感じでしたよね。

だから、その先生の色がそのまま出てきて、極端な話、厳しい学級経営もあれば、受容しすぎる学級経営の在り方もあって、先生方の中で検討・研鑽されて積み上げられてきたものではなかった。これは長野県だけでなく、全国的な課題だと思います。

小野 そうですね。

ファシリテーターとしての教師

菊池 先ほどの阿部先生とのやりとりともかかわりますが、小野先生はインクルーシブな通常学級というものをどのようにとらえて、どんな形で実現するのがいいとお考えですか？

小野 クラスの子どもたちにも、インクルーシブとはどんなことかという話をしたのですが、「shared leadership」、日本語で「共有リーダーシップ」という考えが大切だと考えています。どの子も活躍できるし、どの子も「助けて」と言える。そのようなことが自分の中ではインクルーシブな学級の理想です。

そのためにはやはり、「この子はこういうことは苦手だけど、こういうところはがんばっている」とか、「こういうところはいい」とか、お互いに認め合わないといけないと思います。

最近、私のクラスで、算数の授業のときに教科書の絵を見て、「『子どもが』と書いてあるのに、大人に見える」「大学生じゃない？」みたいな感じで挿絵にツッコミを入れた子がいたのですが、別の子がその子のことを「Aくんっておもしろいね」と言ってくれて。

私は、子どもの発言から話を盛り上げたりすることはあったのですが、「おもしろいね」とは言えていなかった。おもしろいことを言ってくれるAくんもいれば、それを「おもしろいね」と言ってくれるBさんもいて、お互いを認め合って言い合えるのが、自分の中の理想なのかな、と思っています。

菊池 今、shared leadershipについてのお話がありましたが、誰がリーダーで誰が引っ張っていくというよりは、そのときの集団における目標のようなものに応じて、誰がリーダーでもいいし、横の並行な感覚で、子ども同士がお互い何でも言い合える関係ということなんでしょうね。

では、その中で教師はどういう役割を果たすべきなんですかね？

小野 「私についてきなさい」というスタンスよりは、「これをやってみたい」とか「挑戦してみたいな」というのを応援したりとか、「今のいけるんじゃない？」とか、失敗したとしてもそれをフォローできるとか……。

どちらかというと、教師は指導というよりは、コーディネートしたりファシリテートしたり、学級をインクルージョンしたりする包括的な役割なのではないかと思っています。

「同僚」との「同僚性」

菊池　「学級王国」という言い方があったように、教師が強いリーダーシップで引っ張っていくというやり方が以前は主流だったし、そういうクラスであるべきだという考えのほうが強かったと思います。

それに対して、小野先生は教師はファシリテーターであるべきというお考えのわけですよね。そうした小野先生の考え方について、周りの先生方はどんなお考えをおもちなのでしょうか？

小野　以前、川上康則先生に「特別支援の考え方を周りの先生方とどう共有していけばいいですか？」とお悩み相談をしたら、「すぐに広まるというよりは、じわじわ広がるイメージで」とおっしゃっていました。「たとえば僕の講演会の資料をコピー機のところに置いておいて、『あ、忘れちゃった』とかするのはどうですか？（笑）」と言ってくださったんですが、それですごく心が軽くなりました。

今の職場には、私が「今日の授業のこの場面がうまくいかなかったんだよ」というような話を聞いてくれる同僚がいるのですが、その同僚とお互いのクラスの子どもの話を続けていたら、「お互いのクラスが交流して給食食べるのはどうですか？」と提案してくれて。話が盛り上がって、けっきょく、四つのクラスで給食の交流を行うことになりそうです。

そこからさらに、同じ学年の先生とも、「ちいちゃんのかげおくり」だけは授業を交換してやってみようという話になったり、本当にじわじわ、お互いの価値観を見せ合うというか、そうした関係をつくりはじめているところです。

ただ、いいとか悪いとかではなくて、その先生が大事にしている価値観が私とは違う場合もあるとは思うんです。でも、一回それを私も受け入れてみて、わからなかったらちょっと聞いてみたりすることも必要なのではないかと思っています。自分としては、同僚の先生方と同僚性を築けるように関係づくりをがんばっています。

菊池　「学級王国」のような状態のクラスだと、授業や給食を交換することなどは絶対に考えられないですよね。先生が変わったら、子どもたちが言うことを聞いてくれなくなるクラスもあると思うので。

でも、それができるのは、小野先生がクラスの自治権を子どもに渡して、自分はファシリテーター役に徹しているからなのでしょうね。ファシリテーターが代わったとしても、もともとの自治権は子どもたちがもっているから、教師を交換してもうまくいく。

また、違う先生が違った視点から子どもたちを見るので、それをフィードバックし合うことで新たな子ども理解もできる。そのようになっているのかなと思いました。

阿部　大事なのは、価値観が同じじゃなくても、そこに共感があること。

たとえば、授業ＵＤを認めない人を認めることも私はユニバーサルデザインだと思っています。「絶対にＵＤをやらなければだめだ」ということになったら、それはそれで終わりかな、と。そういう人も含めてインクルードしていくのが大事だと思っているので。

全員が特別支援の視点をもつとか、全員がＵＤの視点をもつとかいうことも理想だけど、価値観の違いも認めつつ、少しずつじわじわ、より多くの先生が子どもたちを大切にする視点をもてたらいいと思っています。そのへんの職員間の視点の共有とか違いを認め合うところを、小野先生は大事されていると思いました。

小野　はい、すごく大事にしています。ただ、授業ＵＤ一つ取ってもそうですが、ある価値観を「いいね」となるまでには、けっこう時間がかかる。でも、自分の視点だけでなく、別の先生を通して子どものいいところを知ることができたら、本当に学ぶところが多い。その子への理解が深まるので、大事にしたいなという思いがあります。

阿部　別の視点から見ることで、子どもたちのよさや強みを再発見できるということなんでしょうね。

菊池　私は、子ども一人ひとりのよさに先生が気づいて、それをもっと生かそうという視点に立つことが、ＵＤの本来の在り方ではないかという気がするんです。

ＵＤに飛びつく人は、具体的な手立てとか方法、「これをすればうまくいく」みたいな、そういう魔法のような方法がほしいのだけど、実はそんなものはありはしない。根本的には、今、目の前にいる子どもたちのよさを引き出すにはどういうやり方がベストかを考えることそのものがUDですよね。桂聖先生がいつも言っている、「UDは哲学だ」という話につながると思いながら聞いていました。

「子どもに委ねる」という勇気

阿部　小野先生が本当に大事にしているのが、子ども同士が認め合う関係性をどう醸成していくかというところだと思うんです。子どもを信頼して委ねるところがポイントなのかな、と。

立っているだけで圧があって、子どもたちが静かになる先生がいい先生だと思われがちじゃないですか。そういう中で、あえて子どもを信頼していいところを探したり、子どもの発言を大事にしたりというのは、ある意味、チャレンジではないかと思うんですね。

本当に勇気が要ることだと思うのですが、どうして子どもたちを信頼したり委ねたりすることができるようになったのかな、と思いました。たぶん、最初からはできなかったのではないかと思うのですが。

小野　葛藤はありますね。私はもともと、ちょっとでも聞いていない子がいると、にらみを効かせてしまうような部分がありましたから。今でも、子どもたちに委ねやすい場面と、ちょっと苦手な場面がありますし。

今日、ちょうど社会科見学だったんです。私は社会科見学とかが大好きで、自分がガイドするぐらいの勢いで「ここはこうで」とめちゃくちゃ話してしまうのですが、子どもたちは今回初めて自分たちで係なども考えて、社会科見学を運営しようとしていました。だから、今日は、子どもたちのがんばりを大事にして、あまり話しすぎないようにしようと思っていたんです。

でも、子どもが「先生、ガイドやって」と言ってきたので、一回だけ「左手に見えますのが〜」という感じで説明をしたのですが、そうしたら一人の子どもが「私もガイドをやりたい」と言い出しました。それで、その子がガイドをやったら、社会科の学習として見てほしいことではなく、「ここにはダイソーがあります」とか（笑）、そんな感じで私の意図とは外れたことを言う場面もあったんです。

教科としてつけたい力のこととかを考えると、「ここは委ねないほうがよかったか？」と思ったり、「やっぱり先生がガイドをやろうか？」とか「こうしたほうがいいよ」とか、いろいろ言いたくなったりしたのですが、ちょっとこらえて。

けっきょく、最後はカラオケ大会になってしまったので、今日は委ねすぎたかな、と反省しました。でも、振り返ってみると、最初に話しすぎないようにしようと決めていたから、子どもたちが本当に「話したい」「言わせて」と自然に感想を言い出したり、ガイドをやり出したりしたのかな、と思って、それはそれでよかったと思い直しました。でも、やはり常に葛藤はあります。

阿部　「葛藤」というよりは「柔軟さ」を感じました。子どもたちから絶えず学びながら、折れないけどしなやかに、教師として柔軟にあるのはすごく大事だと思いました。

発達段階での違い

菊池　「委ねる」とか「任せる」とかいう話をもう少し深掘りしたいと思います。先生が教えたい内容や場面によって、「ここは任せたほうがいい」とか「ここはやはり、もう少し方向づけたほうがいい」とか、いろいろ変えていると思うのですが、発達段階というか学年によって違いはありますか?

小野　私はこれまでに四回、一年生を担任したことがあるのですが、やはり一年生は、どこを委ねるのか、どこはしっかり教えるのかは、かなり考えるようにしています。

学校は家とは違って集団で過ごす場だから、基本的な学校生活のことなどはきちんと教えて、あまり委ねないとか。より多くの友達と接することができるように、人間関係の面ではなるべく介入するとか。あと、教科の学習でも、国語や算数などでは教えるべきところはしっかり教えるというふうにしないと、授業が成立しなかったりすることもありますから。

菊池 逆に、生活科などでは、子どもたちがやりたいことに委ねる部分が多いと思います。だんだん高学年になっていくにつれて、変化が出てくるわけですね。

小野 私はここのところ三年生以上を担任していないのですが、高学年になってくると、単純にできることが増えるので委ねる部分も増えるということはあります。

ただ、持ち上がりのクラスだと、ある程度、私も子どもたちのことがわかるし、子どもたちも私のことがわかっていて、「ここは先生が委ねてくれている」「自分たちでがんばろう」という感じでチャレンジしてくれます。そうすると、私があまり指示をせず、発問もしなくても、子どもたちが学んでいくということもあります。

『学級経営の教科書』[*16]という本では、「必然的領域」「計画的領域」「偶発的領域」という三つの領域が説明されています。最初はやはり、こちらが必然として「教えるところは教える」というところが多くて、だんだん子どもたちができるようになってから計画的に委ねていき、偶発的な部分も増えていくということです。

でも、どの段階でも、いじめられたりとか、いやな思いをしたりする子が出ないように、そうし

＊16　白松賢『学級経営の教科書』東洋館出版社、二〇一七年。

た点はこちらからちゃんと指導するようにしています。

菊池　クラスの中で、どうしてもマイノリティになってしまうようなお子さんたちに、どう場をつくるかとか、その子たちとのかかわり方をどうするかとか、そのへんは先生が主導するということですか？

小野　子ども同士のかかわり方にはかなり介入しています。今日の社会科見学で自由に感想を言うところでも、「友達の発言は自分の発言と同じくらい大事だよね」とか、「まだ言っていない人にマイクを渡してください」みたいな感じで介入しました。

「委ねる」基準

菊池　「委ねる」とか「任せる」という言葉を使うと、「放任」ととらえてしまう人がいるんですよね。だけど、放任してしまうと、マイノリティの子たちがクラスの中で埋没してしまう可能性がある。

だから、一人ひとりにとってきちんと居場所がある集団をつくるためには、「委ねる」であって「放任する」ではいけない。マイノリティの子どもたちに居場所ができて、クラスの中で受容されるようにするためには、むしろ先生のいろいろな働きかけが必要だと思いました。

子どもたちに「委ねる」「任せる」とはどういうことかを考え続けるのは、とても大事だという感じがします。

小野　「放任」ではなく、子どもに「委ねる」「任せる」という点での教師の専門性は、「教科でどういう力をつけるのか」と「子ども理解」だと思っています。

子ども理解については、宗實直樹先生にすごくヒントをいただいています。授業では、思考のおもしろさがある子と、なんでも得意で主体的に活躍する子と、学習が厳しい子の三人を追っていて、日々気づいたことなどを記録しているそうなのですが、三人追っていると、けっこう見えてくることがあるそうです。「ここは委ねないほうがよかったな」とか、「ここで、この子はもう少し活躍できたかもしれない」とか。

それを続けていくと、ターゲットにした三人だけでなく、その周りの子たちのことも見えてくるようになるということなので、子ども理解の部分と、授業で何を教えるかという部分は学び続ける必要があると思っています。

菊池　そこのバランスはものすごく難しいですよね。子どもに委ねる部分と、自分が介入して「このようにしよう」という部分は、場面とか学年、あるいは集団、クラスそのものがどういう状況なのかでも当然変わりますからね。そのバランスをどう取るかは永遠の課題ですね。

阿部　今の「三人を追う」という話とかかわって、配慮を要する子、要支援のお子さんがいたときに、委ね方にはすごくバランスが必要ですよね。委ねたら張りきるけど、テンションが高くなってやりすぎてしまうとか、こちらのねらいからどんどんずれて突っ走ってしまったりとか。一方で、委ねられると最初から「無理！」と言う子もいると思うんです。そのあたりで、委ね方で工夫していることはありますか？

今日はうまくいかなかったと思う日ももちろんあるとは思うのですが、その子のアセスメントともつながってくると思うんです。

小野　田中博史先生[*17]のお話から学んだことなのですが、私は一日一人、心に残った子を帰りの会で発表するようにしているんです。それをランダムに伝えているので、子どもたちも「今日は誰なんだろう？」と楽しみにしています。

単純に「今日はどの子のどの場面を言おうかな？」と考えて子どもを見ていくと、たとえば、日記に「今日も算数の時間に発言しようと思ったのに、うまくできませんでした」と書いてきた子が算数の授業で手を挙げて発言できたときに、「できたね！」とすかさず言えるようになったりとか。今日の社会科見学でずっとメモをしていた子がいたので、「言うのだったらこの子だ！」と思ったりとか。そうした子どものがんばりに気づいたら、一人ひとりに声をかけるようにしています。

発言することに挑戦したり、メモを取り続けたりといったことを紹介すると、学級全体にもそうした姿勢が広がっていきます。みんなに紹介したときに、「よくぞ気がついてくれた」みたいにその子がニヤッとしたときは、自分の中で「やったあ！」みたいなのもあったりして。

少数派の声が生きる

阿部　この前、ＵＤ化してすごくおもしろくなった授業を見ました。発達障害の子が、一人だけ考え方が合っていたんです。でも、いつもその子はできないというか、つまずきがあるから、「おまえが間違っている」みたいになっていて。その子だけが合っているんだけど、多数派に少数派、「どうせＡくんが言っていることだから」みたいになって、その考え方がつぶされそうになってしまっていました。

あと、先生が教えたいこととは少しずれていたんです。その子の考えが先に行ってしまっていて、「それは今日学習する内容ではない」みたいな感じになって、けっきょく、その子の意見はほとんど認められないまま授業が終わってしまいました。

授業後に先生もそのことを反省していて、「あのとき、あの子の考えをどうやって認めたらよかっ

＊17　筑波大学附属小学校副校長等を経て、「授業・人」塾代表。著書に『子どもが変わる接し方』（東洋館出版社、二〇一四年）等。

たんだろう？」という話になったのですが、ユニークな視点をもつ発達障害のお子さんが孤立してしまわないように、少数派の意見を大事にする人的環境はとても大切なことだと思います。そうした点を、小野先生はどのようにしているのかな、ということをうかがえればと思いました。

小野　私は最近、道徳にハマっているんです。発達障害がある子が意見を言ってくれたりして、それがきっかけで授業が盛り上がったりするからです。

その子の意見に私自身がつい「なるほど」と言ってしまったりするのですが、そう言っていると、他の子も「なるほど」とか「たしかに」とか言うようになって、「○○さんが今『たしかに』って言ったんだけど、どういうこと？」みたいな感じで、子ども同士で話し合いが始まったりします。

あとは、トラブルがあったときに、「巻き戻すと、こんなことがあったんだよ」みたいな話を一対一で話すようにしたりとか。注意しすぎたりとか厳しく言いすぎたりということがあった日に、帰りの会で「今日、怒っちゃってごめんね」などと話すと、子どもが「そんなことないよ」とか「え、どうして？」みたいな感じで言ってくれたりとか……。

答えになっていないかもしれませんが、そういう感じで、とにかく子どもたちとやりとりを重ねることは心がけています。

阿部　教師は子どもを見ているようだけど、子どもからも見られているんですよね。そこを意識していないと。相互に見つめ合っているというか、信頼し合っているというか、そこが大事だと思いました。それには、やはりコミュニケーションですよね。「こうあるべき」というのを押しつけるのではなく、子どもたちのいろいろな発言とか行動を教師がインクルードすることが、子どもたちにとってモデルになっていくのかな、と思いながらお話をうかがっていました。

菊池 小野先生は、クラスを集団という一つの塊として見ていますか？

小野 私は、つい一人の子に寄りすぎてしまうタイプだと思っています。だからこそ、集団として見るように心がけています。「集団としてどうか」とか、「ちょっと私が入りすぎたな、今は距離を置いてみよう」などと、自分を客観的に見るようにする時間をつくっています。

菊池 子どもたちとかかわりながら、どういうバランスでいようかと、すごく繊細に考えていらっしゃると思いました。

私は時々思うのですが、伝統的な子ども集団としての見方と特別支援的な見方とがせめぎ合っていて、「森を見て木を見ず」というのと、「木を見て森を見ず」というののどちらかに陥りやすいんですよね。「現代の子どもはこうだ」という感じで論ずる人は「森を見ていて木を見ていない」と感じることがあるし、逆に特別支援の人は「木を見て森を見ていない」ことがすごく多い。

小野先生はそのバランスを取ろうとしていて、その上で集団をつくろうとしているのだと思います。一人ひとりにもきちんと目を向けながら、集団としてのまとまりもつくっていく。だから、バランスが大事なんだなというのが、今日のお話を聞いていて感じたことです。

「弱さ」が「強さ」

小野　私はやはり、学級経営も子どもとのかかわりも、本当に下手なんだと思うんですよ。最初にお話したとおり、大学のときに不登校の子とかかわっていたんですが、そのとき、小学校の教師になろうかどうか悩んでいたんです。あるとき、不登校の子に「将来どうするの？」みたいなことを聞かれて、「実は、教師になるか悩んでいるんだよね」と言ったら、その子が「小野さんが先生だったら、自分は学校に行けるよ」と言ってくれたんです。

その言葉で「私が教師になることで、元気に学校に来られる子もいるかもしれない」と思えたのが最終的なきっかけで教員になることができたので、今でも、自分が担任になったことで、クラスの中で誰か一人でも元気になれたり、活躍できる子が出てくれればいいな、という思いをもっています。

また、自分に力がないことを自分自身がわかっているからこそ、同僚に「こんな感じで悩んでいるんですよ」とかいう話をしてしまうのではないかと思います。些細なことでも話し合える同僚たちがいるお蔭で、私は今、学級経営ができているのではないのかな、と気づきました。

阿部　極端にどちらかに振ってしまえば楽なんだけど、そこのバランスを取り続けようとするところが小野先生の力だと思います。

あとは、先生自身が援助要請が上手というか、いろいろな人に委ねたり、「困った」とか「悩んでいることがあるんだけど」とかいうようにＳＯＳを出せる。そこも子どもたちのモデルになっているのではないかと思って聞いていました。

菊池　今日は小野先生から、学級集団はどうあるべきなのか、そこに教師がどうかかわっていくのかということについて、非常に濃い話をうかがえたと思います。ありがとうございました。

小野　ご質問に答えていくことで、自分の考えが整理されたように思います。ありがとうございました。

（二〇二四年九月一三日収録）

V

逃げ道をたくさんつくるようにしています

樋口亜紀×川上康則×菊池哲平

両方の立場から見る

樋口　樋口亜紀と申します。現在は三重県四日市市こども未来部こども発達支援課にいて、教育支援課で指導主事も兼任しています。主な仕事は、就学相談や、四日市市が独自に行っている四歳児から八歳児の、主に「ことば」「人とのかかわり方」「読み書き計算」につまずきのある子どもたちをサポートする教室の運営の担当をしています。

私は兄が知的障害者ということもあって、幼い頃から障害はある意味で自分の一部のような感じでしたので、ずっと勉強してきました。将来は障害がある人たちと過ごせる仕事に就けたらいいなと思っていたのですが、ご縁があって小学校の教員になりました。

さまざまな子どもたちと出会う中で、自分の対応力の幅がすごく影響するんだなと思うようになって、教師としてどう子どもたちと接したらいいのかを模索しているときに授業ＵＤと出会いました。川上先生の講座を受けて「これだ！」と思ったのがきっかけでした。実践はまだ四年目くらいです。

川上　特別支援学級の担任もされていたのですか？

樋口　しましたね。二回やらせていただきました。

川上　通常学級のほうが長いのですか？

樋口　はい、通常学級の経験のほうが長いです。一度特別支援学級を担当すると、長い間特別支援学級を担当される方も多くいらっしゃるのですが、私はそれはいやでした。通常学級と特別支援学級の両方の立場をきちんとわかった教師でありたいと思っていましたので。

特別支援学級を長く担当していると、考え方に偏りが生じて通常学級の先生たちの苦しみが見えにくくなってくるんです。自分が通常学級の担任の立場になると、やはりできることとできないことが見えてくるので、どちらの立場も大事にしたいな、と。

川上　通常学級の先生の苦しみというのは、具体的にどんなことですか？

樋口　たとえば「この子には、こういう支援があればできるのに」と、ついつい求めることがあるのですが、立場が逆になると、「自分が通常学級の担任の先生に求めていた支援は、特別支援学級だからこそ継続できていた支援だったんだな。他の子どもたちもいる中で行っていくとなると、けっこうしんどいな」と思ったことがありました。

実際には、その子の支援だけではないですから。その子を含めた全体的な支援であったり、かかわり方であったりを考えながら学級経営や授業構成を考えないといけない。このしんどさがあると感じています。だからこそ、どちらの立場も理解している人でありたいと思っています。

菊池　最初に小学校教員になったときは、通常学級担任として入ったのですか？

樋口　はい、そうです。でも、特別支援学級もやりたい気持ちが大きかったので、三年目に「特別支援学級をやりたいです」と管理職にお願いして、もたせてもらいました。

菊池　もともと大学のときから、特別支援教育を勉強されていたのですか？

樋口　大学にそのような科がなかったので、ゼミに入りながら勉強はしていました。

菊池　特別支援学級に飛び込むときに、勇気は要りませんでしたか？

樋口　興味があったので飛び込めました。逆に、飛び込んでよかったなと思いました。特別支援学級を担当して三年目のときに、通常学級の子たちはやはり忖度をしてくれていたんだな、自分の無理強いもちゃんと聞いていてくれたんだなと、わかったんですよね。

忖度なしの評価

樋口　特別支援学級の子たちは、評価を一〇〇％で返してくれますよね。支援方法がはまったら、こちらが驚くほど伸びるけど、全然はまらなかったら、パニックになったり、不適切な行動が増えたりします。自分の対応一つで、こんなにも子どもの状況を変えてしまうということを子どもたちに学ばせてもらって、そこから変わりましたね。

菊池　通常学級の担任に戻ってきて、具体的にどういう気づきがありましたか？　特別支援学級で子どもたちを見る目ができて、どんなふうに変わったのですか？

樋口　たとえば、子どもたちの問題行動やトラブルが起こったときの対応が変わりました。まず、それぞれの思いをしっかり聞かなければと思うようになりました。

特別支援学級の子たちには、彼らが何にモヤモヤしているのかをしっかり聞いて、丁寧に視覚支援を行いながら説明しないと、「そういうことだったんだな」と理解してもらえなかったんですよね。でも、一、二年目は「抑える」というほどではないにしても、あまり子どもたちのそれぞれの言い分を聞かずに、「はい、終了」と終わらせていたことも多かったので、より大きな問題になったこともあったんです。

そこで、コミック会話とかで視覚化して、子どもたちの話を交通整理しながら、「あなたはこう言ったよね？」「この中で、あなたはここが一番いやだったんだね」「じゃあ、次にあなたはどう？」と話を聞いていって、「こういうところですれ違っていたんだね」「こういうところがいけなかったんだね」とか、お互い丁寧にそのときの状況を振り返れるようにしました。

そうすると、どんなところですれ違いが起こってしまったのかを目で見て確認することができるので、お互いに納得して終われるようになる。そういう技法を自然と、通常学級でも使えるようになりましたね。

あとは、やはり特別支援学級の子たちと接したことで、今からすることを視覚的に書くとかは自然にできるようになりました。黒板にこれからの流れや指示したことを書いたり、ふりがなを書いたりするだけなのですが、多くの子どもたちが黒板を手がかりにしていることや、子どもたちの動きのスムーズさの違いを実感しました。

菊池　特別支援学級では、特別支援教育でよく使われている技法とかスキル的なものを身につけただけではなくて、子どもに対する態度とか心構えみたいなところも変わったのではないかと思うのですが、そのへんはどうでしょうか？　特別支援学級の経験から持ち帰ったものとして、自分の血になっているな、みたいに感じるものはありますか？

樋口　通常学級での一、二年目は、とにかく子どもたちになめられてはいけないと思っていたんです。

一年目に、元気がいい子どもが多いクラスをもたせてもらうことになりました。初日に自己紹介の挨拶をしていたときに、側転を始める子が二人もいて、そこからのスタートだったので、これはもうどうしようか、と。

そこから、「なめられたら、言うことを聞いてくれないかも」という不安が強くなって、強い指導で子どもたちに言うことを聞かせようとしていました。でも、特別支援学級に行ってみて、それではだめなんだな、と実感しました。そういう指導ではまったく太刀打ちできなかったからです。丁寧に自分の伝えたい思いを言葉にするのと同時に、視覚化して伝えないと、特別支援学級の子たちには伝わらなかったんです。

たとえば、体育の授業で「走るときは、一生懸命手を振るんだよ」と伝えたら、一生懸命、私に向けて顔の前で両手を振って走ったりとか（笑）。でも、その子は、私の伝えたことを必死にしていました。だから、これは私の伝え方が悪かった、子どもには何も悪いところはない、と思いました。

特別支援学級でのそういう積み重ねがあったので、通常学級でも「自分の言い方がまずかったな」「たしかにそうなるのもうなずけるな」というように変わりました。昔は「なんでわかんないの！」みたいな感じでしたが、特別支援学級の子どもたちから教えてもらいました。

菊池　川上先生も、ふだん子どもたちとかかわるときに心がけていることはありますか？

川上　言葉をとても選びます。どの言葉が最適なのか。それと同時に、話しすぎてしまうと伝わらないので、「一語だとどの言葉になるだろう？」みたいなことは、常に頭の中でグルグルしていますね。

いや、むしろ話さない。その子の発話量からすると、こちらの発話量は数倍、数十倍になっていることが多いので、「言葉ではないやり方で伝えるには、どうしたらいいか？」と考えることのほうが多いと思います。

菊池　私も、臨床場面では同じことを心がけています。逆に言うと、特別な支援が必要なお子さん以外と話すときは、こちらが甘えてしまっている節があるんですよね。これくらいでわかるでしよ、という感じで。

川上　それでわかってもらえちゃうというか。

菊池　そう。樋口先生も、特別支援学級の担任を経験したことで、それが可視化されたのかなという感じがしました。

「こいつの言うことは、聞いてやってもいいか」

川上　樋口先生みたいに思える方、要は特別支援の経験とか、そこで身につけたスキルや態度やふるまいを通常学級に戻ったときに生かせるタイプと、そうでない方がいるじゃないですか。むしろ、そうじゃない方のほうが多いかもしれませんが、その違いって、樋口先生ご自身はどう見ていますか？

樋口　担任としてクラスに入ったときから子どもたちの上の立場になるけど、そこをはき違えてはいけないなと思っています。「先生」という権力を前面に出す先生は、私自身も好きではありませんでした。

言うことを聞ける人と聞けない人の違いは何だろうと考えたとき、やはり自分の思いを受けとめてくれる人には心から「やります！」と思えるけど、受けとめてくれない人には「やりたくないし」

と思ってしまいますよね。だから、子どもたちにとって、「こいつの言うことは、聞いてやってもいいか」と思ってもらえるような存在にならないと、というのは、自分の中でいつも意識しています。子どもたちも一人の人として尊重すべき存在で、私と対等の存在です。一人の人間として自分が言われたらどう思うかと考えたとき、「この言い方よりはこっちのほうがいいな」と、常に自分自身に指をさしながら話すようにしているかもしれません。

川上　樋口先生のように考えられないタイプの方は、メタ認知みたいなものがちょっと欠けているんじゃないですかね。

樋口　たぶん、そういうタイプの人は、自分が相手に言ったことを自分に対して言われたら、絶対に怒ってしまうんでしょうね。

川上　ところで、菊池先生にお尋ねしたいのですが、熊本市では特別支援学級をみなさんが経験されるじゃないですか。どういうねらいがあるのですか？

菊池　熊本市では、「通特交流」といって、二年か三年間くらい特別支援学級を経験することになっています。熊本市は、もともと特別支援学級担任と通常学級担任の人事を分けていたんですね。つまり、校内人事で特別支援学級を担当するのではなく、異動のときから特別支援学級の担任として赴任するので、その境がすごく強かったんです。まだ二年目か三年目の取り組みなので、これから樋口先生のような成果が出るといいなと思っているところです。

しかし、お話にあったように、特別支援学級での経験を生かせる人と生かせない人がいるんだろうと思いますね。メタ認知の話もありましたが、特別支援学級を経験したことで、子ども観がガラッと変わった、子どもへのかかわり方が変わったという人がいます。でも、二度とこんなことをしたくないという人も出てくるんですよ。その違いは何なのかも考えないと、これからの教師としてのあるべき姿は見いだせない感じがします。

乱暴な言い方をすると、昔は「とにかく自分の言うことを聞け」という、いわゆる統率できるリーダーとしての教師像が少なからずありましたよね。でも、もうそういう時代ではないので、これからの教師としてのあるべき姿を考えないといけない。そうすることで、通常学級をどんなふうにつくっていくのかも、根本から変わってくる感じがします。

子どもにとって、教師は「環境」

川上　環境要因によって、子どもたちの不適応状態が増えることもあれば、減らすこともできるじゃないですか。環境の中で一番大きいのは、やはり先生の態度だったり、柔軟性だったり、子どもの学びの多様性を意識しているかだと思いますが、そのあたりはどうですか？

樋口先生は指導主事という立場でいろいろな学校に行って、子どもたちや先生たちの様子を見てきて、この不適応はこの子自身に原因があるわけでなく、環境要因のほうが大きいんだけど、みたいな感想をもつことはありますか？

樋口　ほとんどが環境要因によるものなのかもしれません。「子どもたちは、よくちゃんと座ってるなあ」と感じることは、よくありますね。

川上　「環境」というのは、大人側に何らかの原因があるということですか？

樋口　はい。先生たちは「静かにします！」とか「教科書を開きなさい」と、できていない子に対しての声かけが多くなってしまいがちです。でも、ちゃんと座っている子に「ちゃんと座ってて、すてきだね」と、がんばっている子への声かけは意外と少ないと思います。がんばっているのに見てもらえないと、モヤモヤは募りますよね。

川上　授業の進め方も環境の一つととらえていいですか？

樋口　そうだと思います。

川上　授業そのものをどうデザインするかということと、子どもたちの学びには密接な関係性がありますか？

樋口　あると思います。私が授業をするときにいつもベースにしていたのは、「この場面でこの子が出てきてくれないか」「こういう問いかけをしたら出てきてくれるんじゃないか」「ここはこの子たちが活躍して授業を引っ張ってもらいながら、苦手な子たちはここでペアの時間を取ったらがんばってくれないかな」と、授業の場面を具体的にイメージすることです。

子どもたちの姿をいろいろ想像しながら授業を進めていくと、本当に活躍してくれる。そのときはみんな一体になっている感じがあるので、子どもたちの目も違います。授業のもっていき方とかしかけとか、どういうものを用意するかを考えることは、子どもたちの学びの環境を考えるときの大切な視点だと思います。

菊池　通常学級担任の先生に「環境づくりをしましょう」と言うと、物理的環境の部分しかイメージできない人が多いと思うんですね。教師のかかわり自体が子どもにとっての環境なのだという発想が、実は非常に特別支援っぽいというか。

特別支援の子どもたちにとって一番大きな環境って、おそらく先生なんですよね。「環境を変えましょう」みたいな話になったときに、けっきょく、それは教師自身が変わるということを意味するわけで。

私は大学院で臨床の指導を受けたときに、「子どもを変える前に、まずは自分が変われ」とずっと言われてきました。でも、通常学級の先生たちにとっては、自分自身が子どもたちにとっての環境になっていて、自分のやり方とか働きかけを変えないと子どもたちは変わらない、というところまでは行き着かないのかなと思っています。

周りの方を見ていて、樋口先生はどう思われますか？

樋口　「子どもが〇〇なんです」と、子どもが大変という視点で話す先生は、まだまだ多いと思います。「じゃあ、どんな支援をしたの？」と聞いても、具体的な支援をしている様子が感じられないこともあります。「こういうふうに問いかけたり、こういう見方で見てみたらどうですか？」と言うと「なるほど」とはなるけど、自分のやり方を変えるのはなかなか難しいです。もとに戻ってしまっていることがほとんどですから。

菊池　常に「変えるのは自分」という意識でいないと、ぶれたり、ずれたりしてしまう感じはあります。「どうしてずれていくのか？」ということですよね。たぶん、担任の先生がずれてしまう罠みたいなものが、通常学級にはあるんだと思うのです。

通常学級の罠

菊池　特別支援学級と違って、通常学級って本当にいろいろな子どもがいるんですよね。その中で、先生のやり方が通る子もいるし、通らない子もいる。そうすると、通ってしまう子もいるから、自分のやり方を変えなければいけないという発想にはなりにくいんじゃないかなと思います。だから、樋口先生のおっしゃるように、常に「自分自身が変わる」という心の軸をもっておかないと、すぐにその罠にはまってしまう。そういう難しさがあるのかなと思いました。

樋口　子どもが問題行動をしたときって、教師への評価として返ってきやすいですよね。「ちゃんと指導できていない」とか「子どもがこういう姿になっているのはあなたの指導力のせいだ」とか受け取られやすい。特に、子どもが静かにしているとか、整然としていることが評価される環境だと、周りからの「あなたのクラス、大丈夫？」という圧力を感じて、しんどかったりします。特に、管理職がそういう方だと、自分の評価が下がるのではないかと思ってしまうこともありました。

菊池　管理職とか先輩教員から指導力を疑われてしまうわけですね。

樋口　そうですね。たとえば子どもが飛び出していってしまったとき、「飛び出した」という表面上の行動だけを切り取られてしまうと、事情を説明しても、「指導力がないだけでは？」とか「なぜそのままにしておくのか？」と理解されないことがあるので、すごく難しいなと感じることがありました。

川上　環境を整えるためには、子どもファーストのマインドが絶対不可欠なわけですよね。それも揺らいでしまうくらい、学校の職員室には「そろえる」とか「整える」ということに高い指導力の象徴のようなイメージをもっているということですか？

樋口　そうですね。いろいろな子に合うような環境だったり、受けとめるキャパが学校には必要だと思うのですが、意外と昔の指導者像のままで固まっている人たちもいるので、「整えなくてもいい」となるまでには壁は厚いな、と感じますね。

菊池　学校現場は相当変わってきたなと思うけど、地域の保護者とかと話すと、ご自身の小学校のときの感覚を今の学校にも当てはめて、「こうあるべきではないか」と議論していることが多いです。もしかしたら、大きな枠の中では教師像や学校像はあまり変わっていないのかもしれませんね。

どれだけすごい授業をしても

川上　樋口先生がふだんやっていることで、環境面でこれは大事にしてほしいということはありますか？

樋口　やはり人的環境は大事にしてほしいです。自分自身でも一番大事にしていることなので。私は常に子どもたちの背景を見ていきたいと思っています。子どもたちは、いろいろな環境で育ってきて、いろいろな考え方がある。私に合う子もいるし、合わない子もいる。でも、どの子に対しても「この人は私の存在を理解してくれるんだな」みたいにラポールを形成しないと、その先は何もないと思っています。

けっきょく、こちらがどんなにいいことを言っても、「何だ、あいつ」と思われていたら何も入らないし、あまり信頼していない人がどれだけおもしろい授業をしたとしても半減すると思います。その先生への信頼感とか、「ここにいてよかった」「楽しいな」と思ってもらえない限りは、教室はただの苦しい場所でしかないので、やはりそこは大事にしてほしいと思いますね。

川上　昔、通常学級で「飛び込み授業」をたくさんされている先生から、「どうして特別支援学校って飛び込み授業をやらないの？」と聞かれたことがあったんですね。「一対一の単発のかかわりや、教室の中にいっしょにいるという支援ならできるかもしれませんが、いきなり授業となると、発達段階、学習内容、興味・関心、教材、子どもたちの人間関係などのさまざまな要因がからむので難しいと思います」というふうに伝えたんですよ。

「飛び込み」といっても、いきなり授業で顔を合わせるということではなく、実際には事前に二〇分くらいアイスブレイクとかをやっているのだと思います。でも、要は、通常学級の子どもたちって、その二〇分くらいで、その後の四五分とか五〇分の授業を教師に合わせてくれる人たちなんだろうなと思ったんですね。

でも、特別支援学校や特別支援学級の場合は、「あなたが好きそうな教材をわかっているよ」とこちらが思っていても、会って二〇分くらいでは、一学級六人とか八人に「さあ、授業をやります。聞いてください」と言っても、四五分とか五〇分の授業をすることはすごく難しいと思います。

菊池　子どもたちと相当な信頼関係が醸成されていないと難しいですよね。

インクルーシブの機会をつくる

川上　樋口先生からすると、「インクルーシブな学級」ってどういうイメージですか？

樋口　特別支援学校の子たちも含めてということですか？

菊池　どういう形のインクルーシブがいいのかということも含めて、先生のお考えをうかがえればと思います。

樋口　フルインクルーシブをするには、今の枠組みでは難しいところがいっぱいあると思いますが……でも、今の枠組みの中でも、授業での工夫はたくさんできると思っています。

たとえば、特別支援学級の子たちもいっしょに授業をするときは、その子たちにどこで出てきてもらおうかというのを考えたり、活動するときにはどういうふうに巻き込んでいくかを考えたりして、そのためのしかけや発問を組みます。そういう環境が整っていれば、その子たちもいきいきできる場面が増えますから。得意なことを発揮できる場面をつくるとみんなに一目置かれるようになって、いつの間にか頼れる存在になっていることもありました。

教師がそういう環境づくりを意識していけば、今の枠組みの中でインクルーシブな環境を整えていくことはできるのではないかと思います。

菊池　今の制度や状態ではフルインクルーシブは難しいということですが、それをめざすべきなのか、それとも、とりあえず今できることをやっていこうというスタンスなのか、どちらですか？

樋口　私はフルインクルーシブのイメージができていないのですが……。幼稚園や保育園、こども園に近いというイメージをもっています。でも、そうなると、やはり一人では無理だなと感じます。そこに何人かの教師がいないと、学びのサポートをしながら子どもたちの様子をしっかり見取れないと思います。また、子どもたちがそれぞれに合ったものを選べるような環境設定をする必要もある。そのための知識も必要になる。

そう考えると、今できることをやっていくのが現実的かと思います。

菊池　インクルーシブな学級をめざすのであれば、みんなといっしょにいたいという子はいっしょにいていいけど、「いっしょにいたくない」「一人で勉強したい」という子もいるはずなので、そういう子も全部認めたインクルーシブでないといけないと思うんですよ。

だから、いっしょにいたくないという子も通常学級で過ごさなければならない、というふうには私には思えないのですが。

樋口　機会をつくっていくことはできるけど、強制だとそれが苦しい子もいますよね。不登校の子たちもそうだと思いますが、やはり、その子に合ったところで勉強するのがいいと思います。

でも、いつか、かかわりを求めてくるポイントがどこかであると私は思っています。一人だけで勉強していたけど、それを伝えたいという気持ちがどこかで出てくると思うんです。そういう場面がチャンスかなと思います。わかったことは伝えたいですよね。そこは逃したくないです。

川上　一人でわかっているだけでは、それを伝えることができない。選択肢があるといいですよね。

菊池　選択肢とか、機会があることが大事だと思います。

樋口　「ここに来たら話せるよ」とか、「タブレットで伝えてね」とか。

川上　子どもによって、求めるものは当然違うわけですよね。「インクルーシブ」といっても、自分はどういった形で集団とかクラスとかかわりたいかというのはそれぞれ違うので、それも全部包摂していかないといけないということになります。だから、単純に「みんないっしょにいることが善である」と一義的に決めるのはインクルーシブとは言えないように思います。

子どもの逃げ道をつくる

菊池　先ほど、自分とは合わない子どももいるという話が出ました。それを言うのは、通常学級の担任の先生にとっては勇気が要ることではないかと思ったのですが、どうですか？

私は通常学級の先生たちって、ある種の呪いにかかっているなと思うんですね。自分は子どもたち全員といい関係をつくらなければいけない、と。だから、全員に通用する手立てを知りたがるし、こうすれば全員とうまくやっていけるみたいなものを求める。

樋口　ほとんどの先生は「一〇〇％私が」と思ってしまうんですよね。「私がしっかりやらないと」みたいに背負い込んでしまう。でも、実際には自分と合う子もいるし、合わない子もいる。だから、「私だけでなくて、こんな先生たちもいるよ」と伝えています。

たとえば、スクールカウンセラーの先生もお話を聞いてくれるし、隣りのクラスの先生もいるし、前の担任の先生もいるから、話しやすい先生のところに相談に行くのよ、というスタンスです。逆に、「必ず私が一番ね」とは言わないようにしています。

あなたが話したいことを話せる人が学校にはいるから、誰かのところには行くんだよ、みたいな感じで声をかけています。私には話しにくいとか、ちょっと合わないなと感じている子たちにも、自分に合うところに気兼ねなく行けるように、逃げられる道をたくさんつくっておくようにしています。

「このクラスの担任は樋口先生だから、悩んでいることや困っていることは樋口先生に言わなきゃいけない」と思っている子は意外とたくさんいるんです。でも、そうではなくて、「いろいろな先生がいるから、話しやすいところに行っておいでね」と。もし学校の先生が誰もだめだったら、こういう電話をかけるところもあるよ、みたいな感じで。

あなたの話を聞いてくれる人はいろいろなところにいるし、助けてくれる人はいっぱいいる。最終的には頼れるところに頼ったらいいんだよ。でも、もし言えたら先生にも教えてね、くらいで、私は子どもたちに自分を押しつけないようにはしていますね。

「人的環境」とは、頼れる関係をつくること

菊池　それって、ものすごく大切な環境づくりだと思いますよ。逆に言えば、「いろいろな先生がいるよ」と言うためには、いろいろな先生がいなければいけませんよね。

これはいっしょに沈むんじゃないかというくらいにとにかく寄り添うタイプの人や、遠くから俯瞰してちょっとしたアドバイスをくれる人、当たらず障らずの距離を取りながらいっしょに歩く人、子どもが前を見ているときに後ろをちゃんと確認してくれる人とか、いろいろなタイプの先生がいないといけない。

でも、なんとなく「理想の教師像はこうあるべきだ」「全員が同じようなかかわりをしなければいけない」という発想に、全体がなっているのかもしれないですね。

川上　お話を聞いていると、樋口先生ご自身がすごくやわらかいし、可変的ですよね。その子にも合わせられるし、自分も変えられる。「無理なら、ここでなくてもいいよ」という大らかさというか。それでいて、その子たちの最終的な自立として、いろいろな人を頼って生きていくんだよ、と

いうところまで見ている。そういう考えって、どこから生まれるのですか？

樋口　以前、川上先生が研修会で「自分の立ち位置が子どもたちにとって一〇位くらいになることをめざしている」とおっしゃっていたのですが、私はその話にすごく共感しました。「チーム学校」と言っているのに、「私が一番」「私が全部」という考えでは、「チーム」ではなくて「学級王国」の集まりになってしまうと思います。私がかかわれるのは、学年が持ち上がったとしても、長くて二年くらいです。三年、四年とはいかないから、必ず違う先生が受け持つようになる。だから、ちょっと身を引くではないけど、他にもいろいろな先生がいっぱいいるから、私だけではありませんよ、と主張していくのも大事だなと思います。

先生方も「助けて」と言えない人が多いのかな？　先生が別の先生を頼ったりしている姿を、子どもたちにはどんどん見せていったほうがいいと思っています。だから、私も全力でいろいろな先生を頼って助けてもらいます。子どもたちにも頼ります。そうして、みんなも先生みたいに頼っていいいんだよ、とアピールします。そういう視点はすごく大事だと思いますね。

子どもは教師を見て育つ

菊池　「子どもは教師の鏡である」とよく言われますが、けっきょく、教師が「俺についてこい」

みたいな形の学級経営とか、授業でも「この方向で行きます」と強く打ち出したりしていると、子どもたちもそういう発想をするようになりますよね。そうすると、「この道で行かなければならない」とか、「人に頼るなんてとんでもない」みたいに思うようになるでしょう。

でも、教師が「他の人を頼ってもいいんだよ」「頼れる人がいろいろいるよ」という姿を見せることで、子どもたち自身が多様性を認め合って、共に助け合う最初の気づきというか、モデルになるのかなと思いました。子どもたちにとっての一番の環境は、やはり先生なんですよね。

川上　「ラポールがない中では、その先はない」ともおっしゃっていましたよね。それは、形式とか表面的なところではないということですよね。

樋口　やはり、「この人は私・僕のことをちゃんとわかってくれそうだな」と思ってくれた瞬間に、子どもたちは変わってきます。はじめは「この先生、どうなんだろう？」と見定めるような目で見ていても、一生懸命に子どもたちの話を聞くとか、だめなものはだめと言うとか、子どもたちに対して真摯に向き合って接していくと、「この人はちゃんと自分たちのことを見てくれている。信頼できる」と思ってくれます。そして、そのときから少しずつ姿が変わってくる。

子ども同士でトラブルが起きても、私が両方の話をちゃんと聞く姿を見てきているので、私がその場にいなくても「まず、あなたから話してね」と仲介役の子が出てきてくれて、それぞれの話を聞いてくれます。そして、「先生、もう大丈夫だよ」と子どもたちだけで解決することも増えていきます。

子どもは教師のことをよく見ているんですよね。教師がどんな子にも手を伸ばしているのが伝わると、子どもたちもどの子にも手を伸ばすようになるし、誰も一人にしなくなる。そういう教師の態度は、子どもたちにちゃんと伝わるのだと思います。

川上　今日お話をうかがっていて、樋口先生はずっと子どものことを語っている人なんだな、と思いました。ご自身の取り組みのことよりも子どもの話をしていることのほうが多くて、「私は子どもに合わせているだけですよ」みたいな感じなのが特徴的だと思いました。

菊池　本当にそうですね。先ほども言ったのですが、私は、樋口先生はすごく勇気があるなと思いました。「子どもに任せる」というのは言葉では簡単に言えるけど、本気でそれができる人って少ないと思うんです。特に通常学級のようにたくさん子どもがいる中だと、何が飛び出るかわからないところがありますし。「子どもに任せる」って本当に勇気が要ることなのに、子どもを信頼して取り組んでいらっしゃるんだなと、敬服しました。

樋口　私は子どもの姿から授業やかかわり方を考えるように心がけています。「この子には今までやっていたアプローチではうまくいかない可能性があるから、何か他にないかな?」とか、「この子たちに合う課題やしかけは何かな?」というのがスタート地点です。一年後、この子たちに「このクラスでよかったな」「自分たち、ちょっとがんばれたな」と思ってもらえるためにはどうしたらいいのかを、ずっと考えています。

川上先生と菊池先生とお話をすることで、私は「こういう方法をこの子たちにしよう」というよりは、「こういう子どもたちだから、どんな実践ができるかな?」ということを考えながら進んできたのかな、とこれまでの自分の取り組みを振り返ることができました。ありがとうございました。

菊池　こちらこそ勉強させていただきました。ありがとうございました。

（二〇二四年九月二日収録）

VI

あなたは、あなたらしくていいんだよ

山田光太郎×阿部利彦×川上康則

指導主事としての取り組み

山田　熊本市教育委員会総合支援課特別支援教育室の山田光太郎といいます。この室は研修や指導関係と就学関係の二つに分かれているのですが、僕は主に研修関係を担当しています。去年までは、熊本市の特別支援教育の推進事業を担当していて、年間で研修計画を立てたり、巡回相談やエリア別の研修を行って最後に振り返りをしていく、ということをやっていました。

たとえば昨年度は、コーディネーター養成のための研修として阿部先生に講話をしていただいたり、一昨年度は、特別支援教育の担当者のスキルアップ研修で川上先生に講話をしていただいたりしました。

今年は特に、特別支援学級や通級指導教室の担当者がスキルアップをするために、授業づくりの支援を担当しています。もう一つ中心となって行っているのが、通常の学級から特別支援学級に移った新任の先生や初任の先生方の相談に乗ったり、オンラインで座談会みたいなことを行ったりするなどの支援をしています。

でも、そもそも僕が何で特別支援教育室にいるのかと疑問に思うところはあります。なぜかというと、僕は通常の学級の経験のほうが長く、特別支援学級の経験は、実は五年くらいしかなかったからです。

ＵＤに出会ったのは、僕が通常の学級から特別支援学級を受け持つようになって何年か経った頃です。特別支援学級での授業がすごくおもしろくなってきて、これは通常の学級でも使えると思う場面や教材にいっぱい出会えていたところに、ちょうど桂聖先生が授業ＵＤを始められました。そのときは特別支援学級の担任として授業のユニバーサルデザイン研究会[*18]などに行きましたが、そのうちまた通常の学級に移って授業ＵＤの実践を深めていきました。

頭の上に吹き出しが見えた

山田　特別支援学級では授業を個別にやったり、少人数でやったり、複数学年の指導もやったりしていました。その後、通常の学級の四年生の担任になったんです。おもしろかったのは、久しぶりに通常の学級で算数の授業をしたら、子どもたちの頭の上に吹き出しが見えたんですね。この子は今こう感じている、この子はこれに困っている、とか。

阿部　すごい！

＊18　日本授業ＵＤ学会の前身。二〇一五年に一般社団法人日本授業ＵＤ学会に改組された。

山田　授業が盛り上がって、教室中に吹き出しが見えたんです。僕は特別支援学級では、子どもと一対一で、みっちり子どもに合わせて授業をやっていました。そうして、この子はこう言ったらこうやって返してくるというようなことがわかるようになったので、通常の学級で授業をしても、同じように子どもの考えが見えてきました。

また、それまで僕は算数を中心に研究をして、論文を書いたりしてきましたが、特別支援学級から通常の学級に移って算数の取り組みをしていたときに、特別支援教育の視点やユニバーサルデザインの視点で授業づくりをするのが、みんなの「楽しい」「わかりやすい」「おもしろい」、そして「学びたい」につながっていくのをすごく感じました。

特別支援学級でやっていた教材をそのまま通常の学級で使ったこともあります。まさに特別支援教育の視点を入れた授業です。子どもがいきいきと主体的に、のめり込んで授業に参加しているというのがいくつかあったので、そういうことを市の研究会で発信したり、熊本の授業UD研究会で公開授業をしたりして、今に至ります。

阿部　山田先生と菊池哲平先生との出会いはどういうところですか？

山田　菊池先生がUD研の代表や理事をされていた関係で、私が事務局に入っていっしょに仕事をするようになりました。今では切っても切れないというか、就学支援委員会など教育委員会の仕事でもお世話になっています。

阿部　菊池先生からはいっぱい学ばれたと思いますが、影響を受けたことはありますか？

山田　菊池先生はお話がおもしろくて、テンポがよくて、ぐっと入るところは、僕もああいう話し方や伝え方をしたいなと思っています。あと、僕が特別支援学級を担任したときに、通常の学級の子どもも含めてみんなでいっしょに活動できるときが一番楽しかったし、それが親御さんにもすごく喜ばれたのですが、その根底には菊池先生のインクルーシブ教育の考え方がいつもあります。

阿部　菊池先生の『授業ＵＤ新論』[*19]の中身はすごく充実していると思います。この本を読んでよかったと思ったり、新たに気づいたりしたところはありますか？

山田　やはりＵＤとＵＤＬの違いですね。この二つは位置関係や見方が難しいところなのですが、スペクトラム上にあると考えるという。

阿部　やはりそこですよね。「デザイン志向型」か「オプション志向型」か。

山田　と考えると、ＵＤとＵＤＬの両方を組み合わせることも大事ですね。でも、あの本の本質は、やはりインクルーシブ教育。いろいろとリアルなことが書かれていますが、システムの話で言えば、もっと通常の学級で学べる子たちがたくさんいるはずだから、その子たちを通常の学級で救っていったほうが、本当に支援の必要な子どもたちの学びの場がきちんとで

＊19　菊池哲平『授業ＵＤ新論』東洋館出版社、二〇二四年。

きるというところがあって、そのとおりだと思いました。インクルーシブ教育システムの仕組みがはっきりわかる本だと感じています。

阿部　そうですね。

山田　あと、未来予想もおもしろいですよね。特別支援学級の推移を見たときに、一五年後に約一〇％の子どもたちが特別支援学級にいると予想されています。そのときの通常の学級はどんなクラスなんだろうとか、どんな学校生活を送るんだろうとか、そういう未来を考えながら読める本でもあると思いました。

阿部　私も、一〇年先を見据えた本だと思います。

特別支援教育の視点から見えるもの

川上　久しぶりの通常学級で、「子どもから吹き出しが見えた」というのがすごく印象に残りました。要は、特別支援学級で培われた子ども理解や、その子の行動の背景にあるものへの造詣の深さが通常学級に移ったときに生かせるし、なおかつ、その場その場の判断にも大きな影響をもたらしたということですよね。

山田　ええ、そうです。

川上　では、山田先生は、特別支援学級を経験されるまではそうは感じられなかったのでしょうか？　また、特別支援学級を経ないと、吹き出しが見えるシステムは成立しないのでしょうか？

山田　たしかに、特別支援学級をもつ前は、吹き出しが見えることなんてなかったと思います。ただ、特別支援学級を担当する前から、つまずきのある子に個別に対応することはすごく大事だと思っていたので、その子と話せば吹き出しが見えていたかもしれません。

でも、授業で一斉指導をしながら吹き出しが見えるというのは、特別支援学級を経てからでないと見えなかったのではないかと思っています。きっと予測しているんですね。この子はこう感じるだろうなと予測しながら発問をするようになったのは、特別支援学級の担任を経験したからだと思います。

ただ、川上先生がおっしゃるように、特別支援学級を経験しないと吹き出しが見えないかというと、けっしてそうではないと思います。一番大きな違いは、特別支援学級に移ってからは子どもの行動の背景を見るようになったことです。かつては、行動の見える部分だけで指導をしようとしていましたが、特別支援学級ではそれではやっていけないし、自分がやり方なり考え方なりを変えていかないといけなかった。それを通常の学級に生かしていったのではないかと思います。

だから、通常の学級でも、子どもの背景を見て、日頃からしっかりかかわって、その子が何を言いたいのかを引き出せる先生は、吹き出しが見えているのかもしれません。

川上　熊本市では、特別支援学級の担任をみんな何年間かはやりましょうというシステムですよね？

山田　はい。

川上　それは実は、今私が勤めている杉並区立済美養護学校と似ている感じがします。特別支援学校なのですが、通常学級や特別支援学級から教員が移ってきて、都立の特別支援学校から来る人はあまりいない学校です。けっこう二極化しているような気がして、ものすごくはまっていく人と、早く出たいという人とに分かれるような気がします。

山田　実はそこはとても大事なところで、ちょうど今年、特別支援学級を三年経験してまた通常の学級に移った先生方の追跡調査をしているところです。学校に行って、校長先生や教頭先生に「この先生はどうですか？」と聞くと、この先生は学校全体を見ています、自分のクラスだけではなくて、学校自体がもっとよくなっていくためにできることはないかということを考えているし、担当するクラスもすごく落ち着いていて、授業に一生懸命取り組む子どもに育っています、と。

特別支援学級を三年間経験した先生自身にも聞いてみると、もう全然子どもの見え方が変わってきて、僕と似たような感想をもっています。今までは「教師に合わせることができて、教師の言うとおりにできる子どもを育てることが指導力だ」みたいに感じていたのが、「そのクラスや学校、子どもに合わせて自分の枠組みを変えていきながらやれるのが指導力だ」と考えるようになったと言っていた先生がいます。

阿部　なるほどね。

山田　僕がそういう先生方にインタビューをしたのはまだ三、四人なので、これを全員分聞き終わったら、もしかしたら川上先生がおっしゃるように、一日も早く通常の学級に移りたかったという人もいるかもしれない。でも、特別支援教育の視点を獲得して、通常の学級でも生かしている先生もいらっしゃる。

特別支援教育を経験しているかしていないかで、これからの先生たちは大きく変わると思います。なので、経験して何を得たかということを言語化したり、価値として広めていくのも僕の仕事かなと思っています。

川上　すごいですね。ぜひお願いします。

「どうしてあの子は帽子をかぶっているの？」

阿部　山田先生は、通常学級での研修や、特別支援の視点を広げ、価値づけるというお仕事をされていると思います。具体的にどういう取り組みをしているのかということと、難しいと思っているところ、二点お話いただければと思います。

山田　今取り組んでいることと併せて、僕の考えを紹介させていただきます。先に校内研のことです。

僕は教育委員会にいるので、年に何回も学校に呼んでいただきますが、必ず最初に話していることがあります。「学級にヘッドギアをかぶっている特別支援学級の子がいます。他の子に、『あの子は何で教室で帽子をかぶっているの？』と聞かれたときに、先生方は何と答えますか？」ということを研修のイントロに出します。

近くの先生方と話し合って意見を言っていただきますが、だいたい、「転んでしまうと危ないからだよ」とか、「血液の薬を飲んでいて、頭をけがすると命にかかわるからだよ」とかいう意見が出されます。

本人と保護者の了解を得た上で、この子の事実を周囲の子どもたちに知らせることはすごく大切なことだと思います。でも、けっきょくそれは、私たち教師が子どもにわかってほしいことなんじゃないかと思います。そこで、「この子がみんなにわかってほしいことは何なんでしょうね？」という問いを出します。「危ない」とか「障害があること」とか「病気があること」をわかってほしいのかというと、そうではないんじゃないかと思います。

この子が本当にわかってほしいことは、たぶんですが、病気とか障害のことよりも、「帽子をかぶっていると、みんなといっしょにできることがいっぱい増えるから」ということではないでしょうか。

もしそういう気持ちがなければ、わざわざ交流学級でいっしょに勉強せず、特別支援学級や家で勉強していてもいい。でも、みんなとしたいことがたくさんあるからかぶっているんだ、そう思っています。そう考えると、その子の「わかってほしいこと」を周囲の子どもたちにわかってもらえるようにすることが一番大事ではないかと思います。

なので、その子の対応の仕方や障害の内容を知ることも大事かもしれませんが、その子がどれぐらいコストをかけて居場所をつくったり、勉強したりしているかということを知ることが、特別支援教育を学ぶことの意味なのではないかというのを最初に言っています。

その後、研修に参加されている先生方に、「『では、みんなにとってはこの帽子はあったほうがいい?』と子どもたちに聞いてみてください」と話します。そうしたら、子どもたちは「帽子があったほうがいい、昼休みもいっしょに遊べるもん」と答えると思います。子どもたちからこの言葉が出たら、絶対この帽子のことをばかにする子は出てきません。そんな話をした上で、特別支援教育の校内研修を進めるという取り組みをやっています。

阿部　特別支援教育の視点を広げたり、人と人をつなげたり、次世代を育てたり、通常学級と特別支援学級の間にあるバリアをゆるやかにしていくことなどに取り組んでいらっしゃるのですね。

子どもを輝かせる「三つのA」

山田　教育委員会にいると、個別に学校に行くこともありますが、大きな石を投げると波紋が広がるように、全体に働きかける強い力もあると感じています。通常の学級での授業や学級経営をよりインクルーシブにしていくのは、私たち特別支援教育を担当する部署だからこそできることがあります。でも、私たちだけではできないこともいっぱいあるので、いろんな関係機関を全部ひっくるめてやっていく必要があります。

取り組みの内容をもう一つ紹介させてください。私たちは熊本市教育センターを窓口に、通常の学級の授業づくりを支援しています。その際、教育センターの授業づくり支援の担当者とタイアップして、特別支援教育の視点やインクルーシブ教育の視点で先生方の取り組みを価値づけたり、助言したりしています。

はじめに、「学びにくい授業はどんな授業ですか？」とセンターの指導主事に問うてみます。すると、「先生が一方的に話している」「終始説明の授業」「活動のつながりがわかりづらい」「学び方に自由度がない」「自分のペースでできない」「まったく自由がない」「まったく統制が取れていない」などの意見が出てきます。授業づくりのプロである指導主事は、「何をどうすればいいかわからない授業は、学びにくい授業だよね」と子ども目線で語ってくださいます。

そのような授業は、発達につまずきのある子どもたちには如実に反応が出てしまう授業なのではないかと思います。通常の学級の授業づくりや学級経営でとても大事なことは、「先生が教え、子どもが教わる授業」ではなくて、「子どもが自分から学び取っていく授業」です。

ただ、やはり、つまずきのある子どもたちが自分から進んで学ぶことには、ちょっとした支援やしかけが必要です。それを表したのが「三つのA」という視点です。

一つめの「A」は「Accessibility」（アクセシビリティ）、アクセスのしやすさです。つまずきのある子どもにとって参加しやすい支援があるということ。これは、視覚支援だったり、聴覚支援だったり、他にもいろいろあります。

二つめは「Assessment」（アセスメント）。個々の強みを生かした学び方が生かされる配慮があったり、逆に、予想されるつまずきに対する手立てをしていること。

そして一番大事なのは、「Acceptability」（アクセプタビリティ）。先生の肯定的なまなざしとクラスの支持的な風土で、これが授業づくりや学級経営にはすごく大事だと思っています。ひいては、こういう配慮や手立てをすることが何につながっていくのかもきちんと考えていかないといけないと思いました。

図　子どもを輝かせる3A

あの子はなぜ立ち歩くのか？

山田　たとえば、立ち歩いてしまう子どもがいる。その子には背景があって、記憶の弱さや継次処理の弱さなどがあるから立ち歩いてしまうわけです。

この目に見えている「立ち歩く」という行動に対して、「座ってください」「じっとしなさい」「静かにしなさい」というアプローチは、しなくていいわけではないと思います。他の子どもたちもいるので、そういうこともやらなければいけない場面はあるでしょう。しかし、その子には、目に見えない背景の部分にアプローチすることが大事です。それが特別支援教育の視点とか、授業ＵＤなのだと思います。

記憶の弱さがある子には視覚情報を共有したり、継次処理の弱さがある子には短い指示や具体的な内容で話したりする。これはアクセシビリティを保つというか、その子が自身でめあてをつかんで、見通しをもって粘り強く取り組み、さらにはその子だけではなくて、周囲の人たちと共に考えていくための特別支援教育の視点なのだと思います。

授業ＵＤは、つまずきのある子がわかる、できる、探究すると言われていますが、実はその子が他の子といっしょに学べるようにしている支援でもあると思います。そこが授業づくりや学級経営にはすごく大事なのではないでしょうか。

それから、その子に合った手立てを講じていく。これは関係づくりや実態把握などをして、けっこう時間がかかることだと思いますが、たとえばこの子はクローズドクエスチョンだと何でも答えられるんだと思ったら、その子にはクローズドクエスチョンで質問する。そうしたことを日頃から行っていくのが大事だと思います。

でも、やはり土台となるのは、私たち教師の肯定的なまなざし、クラスの支持的風土だと思います。アクセプタビリティですね。発達につまずきのある子どもたちは、グッドメモリーにつながる蓄積が少ないから、「つまずきのある子は手がかかる子」というとらえ方をするよりも、「グッドメモリーにつながるかかわりを求めている子」というふうにとらえるようにすると、私たちの言葉かけやかかわり方も変わってくるんじゃないかと言っています。

自分が認めた大人と、自分のことをわかってくれる大人の言うことは、子どもたちはよく聞くと思います。自分に対して肯定的な見方ができるようになり、今のままで大丈夫という安心感が生まれると、子どもたちの内面から「じゃあ、やってみよう」「挑戦してみよう」という意欲が出てくるのではないかと思います。これが、僕が日頃から授業で大事にしてきたことです。

阿部　すばらしい研修ですね。

山田　阿部先生の『通常学級のユニバーサルデザイン　スタートダッシュQ&A55[*20]』を参考にさせていただきました（笑）。

今の取り組みを価値づける

山田　立ち歩いてしまうとか、板書をするのが苦手とかいう子どもがいた場合、その子には背景があります。一つひとつの知識がつながって、子どもが「わかった」「おもしろい」と感じられる授業づくりをめざすのであれば、通常の学級の授業の中でその子にできる支援があると思います。

教育センターの方々に、参加につまずきのある子への手立てについてワークショップをしました。そうして、先生方が考えた手立てやアイデアを一覧表にまとめることができました。

これを実際の授業づくりや支援訪問のときに活用していただくことにしました。これはけっしてチェック項目ではなくて、価値づけのお手本としての一覧です。たとえば、「子どもが活躍する場面に接したら、認め、価値づける。○○くんにとっては自己肯定感の積み上げになるから、それを続けていくと、この子はどんどん前のめりになって主体的になっていくと思います」とか。「発問や指示のテンポがいいと、学習に向かう気持ちが継続しやすいですね」とか。

このように、通常の学級の先生が一生懸命準備した授業に教育委員会の指導主事が価値づけして

＊20　阿部利彦編著『通常学級のユニバーサルデザイン　スタートダッシュQ＆A55』東洋館出版社、二〇一七年。

言語化したら、その先生のその後の授業に生きて働くものになるんじゃないかと思います。なので、その一覧表を授業づくりの支援に役立ててもらっています。

通常の学級の授業をよりインクルーシブにしていこうと思ったら、特別支援教育の立場の人だけでやっていくのは無理なのではないかと思っています。熊本市では、特別支援教育室と教育センターとのタイアップで取り組んでいます。

垣根を越える

阿部　全国を回っていると、特別支援の研修といったら特別支援の関係の人が受け、通常学級の先生はあまり受講されないということをよく耳にします。あるいは、特別支援教育というと、自分には関係ないと思う通常学級の先生もたくさんいると思いますが、指導主事とかと研修を企画する立場として、そこの垣根を取り払うために大事にされていることはありますか？

山田　特別支援教育研修となると、実は僕も通常の学級にいたときに、難しいなとか、自分の授業には関係ない内容が入ってくるなと思っていました。

ただ、研修の仕方によっては、通常の学級の先生にとっても、自分の授業に直結するものがあっておもしろいと感じてくれるようになります。

たとえば、川上先生の研修をヒントに、通常の学級だったらこういうことができるという模擬授業みたいなことをやったことがあります。語彙が少ない子どもたちやイメージをもつことが苦手な子どもたちに、たとえば「モチモチの木」で「とうげ」とあるところを「ふもと」と読んだりして、『とうげ』って何だろう？」という質問をしたりします。

もう一つ、川上先生の研修から学んだことで、こんな内容も使わせていただきました。「ボールが塀を飛び越え、隣りの家の窓にぶつかった」。実際に窓ガラスは割れたのだろうと思います。でも、文章には「割れた」とは書かれていない。「おじさんが飛んできた」と書いてあるけど、空から飛んできたわけではなくて、走っている。おじさんは隣りの家に住んでいるとみんなイメージしますが、やはり文章には書かれていない。

ＡＳＤのある子どもたちの中には、目に見えないものをイメージする力に弱さのある子がいます。イメージを文脈で補うことが苦手なので、そこにはちょっとした支援が必要です。

こういう授業をたくさん取り入れながら研修をすると、通常の学級の先生方からすごく喜ばれて、やってみたいと言われます。

先生方は、「つまずきのある子にこれをやってみようかな」というよりは、「おもしろそうだからやろう」とか、「何か本質に近づく感じがして楽しい」ということで研修に参加してくださるので、直接特別支援教育に関することだけを学ぶのではなくて、ふだんの授業に何かプラスになるとか、よりよいものが生まれていくと気づかせていくことが大事だと思っています。

川上　お話を聞いていると、山田先生のキーワードは「越境」ですね。境目があるんだけど、飛び越えるのがうまいんです。

阿部　なるほどね。

川上　三つ越境があって、まずご自身の中でいったん越境しているんですね。特別支援学級に行って、また通常学級に戻って。ああそうか、違う立場に立ったらこう見える、それがまた生かせるという越境がある。

さらに、大人の考え方は割と分断を生み出しやすいかな、と思っています。「私は特別支援教育は知らない」「私は特別支援教育は担当じゃない」みたいな考え方の先生もいるけど、そこも山田先生自身が越境することでつながりが生み出されている。

それが最終的に、行政という縦割りになりやすい組織を越境しているんですよね。だから、山田先生ならではの持ち味が「越境」という形ですごく生かされて、今の充実につながっているのではないかと思いました。

阿部　山田先生は越境できるけど、他にも越境できる人を増やしたいとなると、川上先生だったらどういうふうに伝授していきますか？

川上　やはり山田先生は稀有な存在なのだとは思います。

越境できる人のほうが少なくて、むしろブレーキをかけたり、境界を自分でつくったりしてテリトリーを守ろうとする。テリトリーじゃないものが下りてきたときに、「私はそれはできません」というパターンの人のほうが多いですよね。だから、あまり期待しすぎてはいけないのですが、必ずどこかのタイミングで越境できる人が出てきて、いろいろな物事を広げていってくださるのではないかと思います。

「変えられる人」は「学べる人」

山田　特別支援学級を経験することを前向きに考えられる人は、やはり変われる人なんだと思います。自分を変えていける人。変えることができる人は、学ぶ人なのではないかと思います。学ぶというのは、何かに気づき、自分が変わることだと思います。だから、「変えられる人」というよりは、「学べる人」を増やしていったほうがいいと思います。

「学びたい」とか「学んでみたい」という人を増やしていくためには、学びは楽しいほうがいい。研修も楽しいほうがいい。校内研も教育委員会からの研修も、絶対に楽しくてわくわくしたほうがいいです。なので、私は阿部先生や川上先生が講師に決まったときは、ポスターやスライドのデザインをすごく工夫しました。書籍を紹介したり、すごく有名な人なんだよと強調したりして。

阿部　学びのわくわく感は大切ですよね。

山田　まずはわくわく感。学んでみて「おもしろかった」「楽しかった」となると、自分が変わることが楽しくなる。だから、逆からアプローチしていきます。「学びが楽しい」にすると、「変わることが楽しい」になっていく。「特別支援学級に移ることにネガティブだったけど、ちょっとポジティブになれた」とか、「通常の学級に戻ってみたら、こんなに成功体験が積み上がって楽しくなった」とか。研修をするときには、「できるだけ楽しく笑顔で」を心がけています。

阿部　子どもだけでなく、教員も自分らしく学ぶことは大切ですよね。

山田　以前の特別支援教育は、できないことを少しでもできるようにするとか、みんなと同じようにするという考え方があったかもしれませんが、これからの特別支援教育は「その子らしさが生きる」「その子らしさの生かし方を学ぶ」「その子らしさの生かし方の種類がわかる」というような視点も大事だと思います。

支援が必要な子どもたちのことを考えると、周りに合わせることはしんどいよな、と思ったりするんですよね。もしかしたら、そのしんどさが生きづらさを生んでいるのかもしれないと考えると、あなたはあなたらしくていいんだよ、と思います。

阿部　それは教師もそうですよね。

山田　教師もです。

阿部　今の話を聞いていると、そこはインクルーシブにつながってくると思います。

学びのエージェンシー

山田　これから変えていかなければいけないのは、子どもたちのほうではなくて、実は僕たち教師のほうなのではないかと思います。だから、その子のつまずきの背景にあるものが何なのかをとことん理解しようとする先生は、これからいろいろなことを乗り越えて、楽しさを見いだしていくと思います。

インクルージョンは、障害のある子だけではなくて、外国籍や不登校の子、いろいろな子どもたちも含めた考え方です。となると、背景の見取り方がすごく難しいと思いますが、「その方面はわからない」じゃなくて、そっちも学んでいく。考えていきたいと思えば、何か糸口が見つかるかもしれない。答えが出なかったら、みんなで相談しながらやっていく。そういう、力を合わせてやっていく学校現場がこれからは必要だと思います。

川上　ＯＥＣＤが「Learning Compass 2030」というものを出していて、「エージェンシー」という言葉を打ち出しています。エージェンシーはまだ日本語訳がなくて、でも、自分で考えたり、主体的に行動して、自分の責任の中で社会変革にかかわっていく意欲と言われていて、それが山田先生の役割にぴったりだなと思いました。

それで、山田先生が「学び続ける人が増えていくと、学校はわくわくして楽しい場になるんだよ」とおっしゃっていたことにすごく意味があると思いました。ＵＤＬも、新しいバージョンでは「学びのエキスパート」という言い方から「学びのエージェンシー」という言い方に変わったそうです。

山田　なるほど。

川上　今後、みんながみんな社会変革を実現できるわけではないけど、自分の身の回りのことと か、手が届く範囲でちょっと変えてみたよとか、これはこう変えられるよみたいなことは、一人ひとりできそうな気がします。

障害のある子たちだって、自分で変えられる力がなかったとしても、その子の存在自体が周りを変えているということはいっぱいあります。本当に一人ひとりが、自分の存在が何かを変えられるかもしれないというようなことを積み重ねていくと、インクルーシブというのが波紋のように広がっていくような気がしました。

阿部　ありがとうございました。これからも、山田先生からいろいろ学んでいきたいと思います。

山田　こちらこそありがとうございました。

（二〇二四年八月三〇日収録）

Ⅶ インクルードするのは誰なのか?

上條大志×菊池哲平×阿部利彦

通常の学級こそ教育のUD化を

上條　上條大志と申します。私は、神奈川県の小田原市教育委員会で指導主事をしています。特別支援教育が担当です。

教育委員会に入る前は、公立の小学校でずっと通常の学級の担任をしていました。神奈川県では「教育相談コーディネーター」といいますが、兼任という形で、特別支援教育コーディネーターもやらせていただいていました。その中で教育相談とか、お子さんの苦手さとか、そういったところで何かできることがないかと保護者の方と話したり、先生方と話したりしていました。

ＵＤとのかかわりは、授業のユニバーサルデザイン研究会のときから所属して学んできました。特に教育のＵＤ化や特別支援教育については阿部先生からたくさんのことを教えていただいて、今日があるところです。

特別支援学級では個別の指導計画が作成され、その子に合った指導や支援が展開されていると思います。でも、最近、問題意識としてあるのが、通常の学級にも配慮を要するお子さんがたくさんいることはみんな知っているけど、その子に合わせた適切な支援がされていないのではないかということが気になっています。通常の学級でこそ教育のＵＤ化を通して、子どもに合った支援をやっていきたいと思っています。

菊池　授業UDを実践される前から、特別支援教育のバックグラウンドがあったのですか？

上條　大学では学部も社会科系だったので特別支援教育ではないのですが、介護等体験でそのときに初めて福祉施設とか特別支援学校に入ったのですね。入るまでは、ちょっと世界が違うのではないかと思っていたんです。でも入ってみたら、特別支援学校のお子さんだって私たちと変わらないし、いやなものはいやだし、うれしいものはうれしいし、こんなに近い存在だったのだと、目が覚めたというか、そこから興味が湧いてきたのが正直なところです。

菊池　その後、阿部先生のところで勉強されたのですか？

阿部　UD学会ができて、今年で一〇年くらいですよね。その前身から少しかかわらせていただいたのですが、私がこうしてUDに深くかかわるようになったのは上條先生のお蔭なのです。

神奈川県の総合教育センターで研修した後、控え室に上條先生が突撃取材してくれて、「UD湘南支部をつくりたいので、いっしょにやってくれませんか？」と言われて。私はそれまでもUDにかかわってはいたけど、少し距離を置いていたんですね。「全員参加」というのがまだピンときていなくて迷っていたのです。

でも、上條先生はその頃から「教科教育に特別支援の視点を融合させたい」と言って、私はそれにすごく勇気づけられたのです。そして、そこからいっしょにやりましょうということになったのです。

たしか、特別支援教育士[*21]の資格もおもちでしたよね？　通常学級がメインの先生で、特別支援教育士を取る人はすごく少ないのですが、ＵＤとかＬＤをがっつり勉強しようと思ったのは、どういう流れがあったのですか？

上條　ちょっと勉強を始めたところで、子どもが見えるようになってきたんです。自分の感覚とかこれまでの経験に子どもを当てはめようとしていたのですが、特別支援教育を学ぶと、その子の苦手さなどの部分が理解しやすかったんですね。

最近気がついたのですが、「理解する」ということは「言語化できる」ということだと思うんです。特別支援教育を通して子どもを見ると、子どもの苦手さとか適切な支援が言語化されるので、うまく人にも伝えられるなと思って続けています。

阿部　上條先生が気づいたことを、他の先生や支援者と共有するために言語化できる、共有化できるというのは、すごく大事なことですよね。

「見えてる事実」と「見えない真実」

菊池　先ほど阿部先生は、最初は授業ＵＤと距離を取っていた、全員参加がピンとこなかったとお話されていましたが、特別支援教育は、歴史的には養護学校や特殊学級の時代から培ってきた、いわゆる個別のアプローチが基盤にありますよね。この子がどういう子なのか、特性とか困難さを見立てるのは、特別支援教育の世界では非常に大事にしてきたことです。でも、これを通常学級の子に当てはめるときに、違和感をもつ人がけっこういます。

教員養成系の大学で特別支援教育を専門としている教員はたくさんいますよね。でも、その中でどれだけの人が授業ＵＤをやっているかというと、実はあまりいない。だから、通常学級の中で特別支援教育の視点を生かして子どもを見るときに、そこが壁というか、ハードルがあるような気がしています。でも、上條先生のお話では、むしろそれがすごく役に立ったということでしたから、そのあたりをくわしくうかがいたいと思います。

子どもを見立てるとき、特別支援教育では個別にアプローチして、指導計画をしっかり立てるためにフォーマルなアセスメント、たとえばＷＩＳＣ[*22]とかを行って、その子に合わせたアプローチを取りますよね。でも、通常学級ではそういうわけにはいかない。すべての子どもにフォーマルなア

＊21　一般財団法人特別支援教育士資格認定協会が認定するアセスメントと指導の専門資格。略称は「S.E.N.S」。二〇〇四年度までは「ＬＤ教育士」という名称だった。
＊22　ウェクスラー児童用知能検査。世界各地で使われている、代表的な児童用の知能検査。

セスメントを実施するのはコスパが悪いからです。

また、上條先生は「子どもが見えるようになってきた」とおっしゃいましたが、どういうところで子どもの困り、あるいは個性というか特性が見えるようになってきたのですか？　また、それは、どんなふうに特別支援教育の専門性を生かしているのですか？

上條　私たちって、どうしても見えていることでしか子どもを判断しないですよね。「できている・できていない」もそうですし、子どもの性格についても、出てきた行動を勝手に解釈しているところがあるけど、それでは本当に子どもを理解したことにはなりません。

たとえば不適切な行動があったときに、「なぜそれをしたのだろう？」と原因や背景を考えないと、根本的な解決にはならないと考えています。自分の中では、単純に表に出てきているのは「見えている事実」で、その背景には「見えない真実」があるんだというふうに考えています。

その「見えない真実」をどうやって見ていくかというのが特別支援教育の視点だと思います。そのときにＷＩＳＣなどの検査を参考にしてもいいのですが、検査のことを少し勉強すると、実際に検査を行わなくても、その子の学習場面から検査項目をイメージしながら、その子の様子を解釈することもできるようになります。

そのように「見えない真実」を見ていくと、適切な支援は難しいにしても、少なくとも間違った支援は絶対にしないですむだろうと思っています。そういった意味では、見る目が養われていくと思います。

個別に見ること、全体を見ること

菊池　特別支援教育を専門とする人が通常学級で特別支援教育の視点を入れるときに、通常学級の先生たちとは根本的にアプローチが違うような気がします。全体の流れとかをあまり加味しないで、個別で見ている人が多いような気がしています。

阿部　通常学級の先生の中には、全体重視で特別支援の視点はまったくふまえない人もいるし、特別支援学級から通常学級に来た人は、やはり一人ひとりを見てしまって全体の動きをうまくとらえられない人もいますね。そのあたりのバランスが取れる人と取れない人がいるのかなと思いました。

菊池　上條先生は、通常学級における授業づくりや学級経営と、特別支援教育との両立についてどう思われますか？

上條　論点がずれていると思うことはよくあります。通常の学級寄りの方、要は特別支援教育から少し遠い方たちの研究の興味は、指導内容や指導方法に特化しているんですよね。でも、特別支援教育寄りの方たちは、子どもができたか・できないかとか、子どもの実態に特化しているように感じるんです。

どちらも教育活動をしていく上では大事ですが、そこがずれているから噛み合わないことがあるのではないかと、学校現場を見て感じることがあります。

菊池　それは私もそう思いますね。たとえば授業研の助言者を頼まれて学校に伺うことがありますが、授業UDに出会う前は、クラスの中でどの子が発達に偏りがあって、通常学級で困難さをもっている。だから、こういう子には対してこんなアプローチをしたらいいですよねと、ある種、「個別のこの子」に特化したアドバイスをしていたのですが、先生方にはなかなか入っていかないんですよ。

それでちょっと考えを変えました。まずは、通常学級の先生がどういう学級づくりや授業を今から展開したいのか、その意図をふまえます。その上で、子どもがそれにつまずきを感じているのであれば、こういう手立てを入れないとだめですよね、という進め方にしないと、先生方はやろうと思ってくれないし、納得してくれないのだなと感じるようになったんです。

それからというもの、授業研にあたっては、私はまずは単元の教材研究をがっつりしてから行くようにしています。同じような実践の記録を集めたりして、いろいろな資料を読んでから臨んでいます。それぐらいしないと、話が共有できないんですよね。

阿部　特別支援か教科教育かの二択ではないとは思うのですが、指導して単元の目標までもっていきたいと思うか、子どもの実態から授業をデザインしていくか、そのスタート地点というかデザインの仕方がすごく違ってくるのだな、と思うことがあります。

あとは、私は通常学級の巡回を三〇年近くやっているのですが、去年落ち着かなかった子が今年は集中して参加できているのはどうしてかな、と思う経験をいっぱいしています。そういう子を受けもつ先生って、「私、全然、特別支援教育はわからないんです」と言うのですが、授業が上手なんですよね。だから、その子も他の子も楽しくわかりやすく授業に参加できて、個別に特別な支援をしなくても落ち着いて、保護者も感謝しているというケースにたくさん出会います。

個別支援の前にできること

阿部　個別に支援をする前に授業でできること、あるいは学校づくりでできることって、通常学級でももっとあるのではないでしょうか。個別支援より前に、まずは全体を整えて、一人ひとりの居場所をつくる授業づくりをしていくことがすごく大事です。全員参加はやはり難しいから、まずはもう一回しっかりと授業とか学級づくりを立て直した上で、しんどい子たちについては個別支援を考えていく。
今でも、個別支援の前に全体でできることは何だろうとずっと考えていて、そのあたりは上條先生のご著書とか考え方にすごくヒントがあるなと思っています。

菊池　「個別支援の前に全体を」というのは、基礎的環境整備をしっかり行うということだと思います。かといって全体に対するアプローチは、それぞれの子どもをどれだけ見取ることができるかということと、どうしてもバッティングしてしまうわけですよね。そのバランスをどう取るか。力のある先生は、子ども一人ひとりをきちんと見取っていくのと並行して、全体に対するアプローチを考えているんだろうと思うのですが、上條先生はどのようにされていましたか?

上條　個と全体って、相反するというか、両端にあるような感じがしますが、意外と重なっている部分もあるのではないかと思っています。「社会的ジレンマ」という言葉がありますよね。集団に貢献することを選ぶと個の利益が損なわれて、個の利益を求めすぎると集団部分が損なわれるという。これって、学級においても言えることだと思います。「学級ジレンマ」という感じでしょうか。

でも、学級経営をしていると、みんなの目的が共有されると、自然とそれぞれに利益をもたらすことにもなるだろうと思ったんです。学級全体が安心できる場所とか落ち着ける場所、困ったときに助けを求められる場所になって、何かをめざしてみんなで協力できるとか、そういった環境を整えていくことで、一人ひとりの精神的な安心感が生まれる。そして、安心があるから学びもより効果的になる。

「反する」というよりも「重なり」をどうコントロールするのかが、集団を経営するときには大事だと思います。

菊池　今の話って、上條先生がもともとインクルーシブな学級を最終目標としているから、全体目標と個別支援がバッティングせずにうまく融合するのだと思うのですが、そうではないクラスもたまにありますよね。枠からはみ出ることを許さない、みんなが整然と勉強している姿を理想にしているクラスだと、個別と全体がバッティングしてしまうことがあると思います。

「違うってことが同じだね」

阿部　上條先生はいつも、どんなクラスに、あるいはどんな子どもたちになってほしいと思って学級経営とか授業づくりをされているのですか？　インクルーシブをめざしているわけではなく、結果的にインクルーシブになるのではないかと思うんですよね。

私が上條先生から教わった言葉で、ずっと大事にしているのが、ある子が言った「みんな、一人ひとりが違うっていうことが同じなんだね」という言葉です。すごいことじゃないですか。まさにそこがゴールで、そういう子が出てきたのは、やはり学級づくりの中ですごく大事にしていることがあるのだと思うんですけど。

上條　「インクルーシブな教育」とか「インクルーシブな学級づくり」という言葉を私も使いますが、二つの意味があると思っています。一つは、「インクルーシブな学級をつくるんだ」という教師の意志の部分。でも、「インクルードするのは誰なのか？」と考えると、子どもがお互いにインクルードするのがインクルーシブな学級だと思うんですよね。

そのときに、子ども同士が相互理解してインクルードできる関係性を育てていくのが担任の役目ではないかと考えると、阿部先生の言われたとおり、インクルーシブな学級をつくるというよりも、相互理解の関係があると結果的にインクルーシブな学級ができあがっている。

特別支援教育的な視点がない学級経営とか指導を整理すると、基本は「教師」が主語になっていて、教師の感覚とか都合とか原体験が前提にあるから、子ども視点になりきれなくて管理型の学級にしてしまう。そこを、「教師」ではなく「子ども同士の関係性」に主語を置き換えていく必要があると思います。

阿部　私はずっと人的環境について考えてきているのですが、子どもって自分をわかってほしい気持ちが強くて、小さな子だと相手の考えにアンテナが向きにくいと思うんですね。そういう中で、お互いに理解し合う風土をつくるって、どういうことを大事にされているのでしょうか？

上條　相手を「理解する」って何となくはわかるけど、具体的には何をするんだろうと思っていたところ、どこかで「理解することは違いを見つけることだ」という言葉を聞きました。

では、「『違いを見つける』って何かな？」と考えたときに、できないことを見つけるのではなく、「その子のできることは何だろう？」と考えることだと思いました。「国語ができる」とか「体育ができる」とか、その子のできることを見つけて、そのできることをみんなが知るように演出したり、育てたりしていくことが教師の仕事だろうし、その子のできることがみんなに見えてくると、お互いに認め合える関係性ができるのではないかと思っています。

阿部　「違いを見つける」というと、どうしても「できないことの共有」みたいになってしまう。たとえば「○○さんについてみんなで知りましょう」「LDの○○さんはこういうことができません」みたいな疑似体験のイメージが強くなってしまうのですが、一人ひとりのできることをみんなが気づいていく、その違いを共有するのはすごく大事なことだと思います。

子どもは必ず成長する

阿部　子どもが教師の求める形からはみ出したりするのって、怖いじゃないですか。みんなが同じようにそろっていたら、教師は安心なはずです。そこが大丈夫になったのは、なぜですか？

上條　若い頃は、その心配や不安がいっぱいありました。担任は一年間で子どもを何とかしなければと思いますが、それは思いの押しつけであって、一〇年後の子どもたちは意外と何とかなっているんです。無責任な言い方に聞こえるかもしれませんが、必ずその子なりに成長しているし、その子なりの楽しい生き方を見つけていきます。

たとえば算数だったら、筆算ができるようにと、もちろん努力して指導していきます。でも、それができないことで自己肯定感の低下に結びついてしまうよりは、「こういう問題だったらできたね」と、できることを着実に積み重ねていくことのほうが、将来的にその子らしく生きることにつながっていくのだろうと思います。成人した教え子たちが教えてくれた感じですね。

阿部　今年の夏、ある私立小学校に呼ばれて研修に行ってきました。幼稚部から高等部まである学校で、みなさんとても集中して聞いてくれました。

質問もたくさん出たのですが、たとえば幼稚部の先生は小学校に向けてとか、高等部の先生は一〇年後とか、今困っていることではなくて、子どもたちの将来を見据えて、そのために今は何ができるでしょうか、みたいな質問が多かったんです。広い視野で見ているから、質問がすごくたくさん出たのだろうなと思いました。

シングルフォーカスではなくて、時間軸を広げて見るのはすごく大事だけど、実際に広げて見るのは難しいことだと思います。

菊池　私は特別支援教育の専門性とは、多様性に対する幅と深さがどれくらいあるのかによるのではないかと思っています。特別支援教育を専門としている人でもそれぞれ違うのですが、突き詰めれば突き詰めるほど、けっきょくは多様性の幅と深さをどんどん広げていくしかない。広げていかないと、いろいろなものが見えてこないのではないかという気がするんです。

「インクルーシブ」というのは「共に学ぶ」という意味合いが強いので、何となくみんないっしょにいなければいけないと思うけど、中にはみんなとはいっしょにいたくないという人もいると思うんです。そういう人の存在もきちんと認めて、「そう思ってもいいよ」と言えるぐらいの幅の広さがないと、「みんないっしょ」を追求しすぎるインクルーシブって、逆に幅が狭いよなと思ったりするんですよね。

そうした意味では、「子どもたちがはみ出しても怖くなった」と言えるのは、上條先生は多様性の幅と深さがかなり広いのだろうなと思いました。

「育てる」という視点

上條　担任をしていると、教員はほとんどの時間は授業なので、学習に関してはできるようにしなければと思います。ただ、教育基本法の大本、教育の目的は「人格の完成[*23]」なので、「教える」ではなく「育てる」という視点も必要なのかなと思っています。

＊23　教育基本法第一条（教育の目的）　教育は、人格の完成を目指し、平和で民主的な国家及び社会の形成者として必要な資質を備えた心身ともに健康な国民の育成を期して行われなければならない。

同時に、今の指導主事という立場では、福祉関係の方とお話をする機会も多いのですが、教育は焦りすぎているなと思うことがあります。「この一年間で勝負しなければ」とか、「何とか変えなければ」と思うのですが、それってほとんどが教師の都合なんだと思います。その子の長い人生を考えたときに、一〇年後にどういう影響が出るかはわからないけど、今子どもに必要なことを考えてやっていけたらいいなと思っています。

菊池　そのへんは、「特別支援教育に向いているか、向いていないか」みたいな発想と近い気がします。

特別支援教育に向いていると思うタイプの学生って、焦らないいんですよ。特に重度のお子さんを担当すると、担当している一年間で何か変わるのかというような世界なんですよね。今日、子どもに「1＋1＝2ですよ」と教えたら、次の日には子どもが「1＋1＝2ですね」とわかるようになっている。そういう進捗というか、目に見える成果をほしがるタイプの人って、特別支援教育にはあまり向いていないと思います。

今までのお話で、通常学級の先生が子どもたちをどう見ていくべきか、どういう視点をもって子どもたちと接するべきなのかというところで、非常に重要な示唆をもらったと思います。

インクルーシブ教育のスタートライン

菊池　上條先生は「インクルーシブな学級をめざしているわけではない」とおっしゃいましたが、今の通常学級の在り方から、もう一歩未来の教育の形をつくっていくためにはどんなことが必要だと考えていますか？

上條　先ほど話したことと重なるのですが、インクルーシブ教育ということがいろいろなところで議論され、こうあるべきだとそれぞれ言っていますが、大人の考え方で議論されているように思います。でも、当事者の子どもたちはどう考えているのかというのは、もう一度考えてみたいところです。

その子の特性から「集団はいやだ」という子もいるし、「集団の中にいたほうがいい」という子もいると思うんですよね。でも、集団はいやだけど、その子なりにどう社会とつながっていくのだろうとか、その子なりのつながり方を考えて身につけていかなければいけない部分もあると思っています。そう考えると、やはり子ども同士がお互いにどうつながっていくかというところを育てていくのが大事だと思います。

繰り返しになりますが、インクルーシブな学級のためにはインクルードできる関係性を子ども同士がもっていなければいけない。インクルードできる関係性のためには相互理解が必要なので、理解とか、助ける・助けられるといったことを学級の中でたくさん経験させて、みんなでやればできるんだという体験をしていくことが大事なのではないかと思います。

菊池　相互理解をして、そこから助ける・助けられる関係をつくるということですが、そこにはけっこうなハードルがあるような気がします。つまり、「理解はするけど、自分は助けません」みたいな人もいるし、助けられたくないという人もいるでしょう。その点についてはどうですか？

上條　学校にはいろいろな行事があるんですよね。運動会もそうですし、毎日の学習活動もそう言えると思うのですが、そういう場面で協働的な学びをすることで、「一人ではできなかったけど、誰かと協力したからできた」という体験を価値づけたり実感させたりしていくと、子ども同士が関係をつくっていくことにつながると思っています。

菊池　実感することですね。つまり、いろいろな人が自分の周囲にはいて、集団を構成していて、その中では集団へのかかわり方も千差万別で、濃淡があって当然だよね、と。時と場合によって参加したり、しなかったり、そういったものも全部いいんだよという経験を、さまざまな学校行事とか学校生活の中で味わってもらうようなイメージですか。

上條　みんながバラバラでいいというわけではないんですよね。バラバラだと、すれ違いや衝突が生じますから。でも、みんながある方向を向くときにも、それぞれの進み方があると思うんです。学級担任は学級経営を通して、ある目標に方向づける。方向づけたときに、それぞれがどうかかわりながら進んでいけるかというところが重要なので、目標を設定してベクトルをそろえていくことを大事にしなければいけないのではないかと思います。

菊池　それは、いわゆるビロンギング[*24]の話だと思います。つまり、子どもたちが集団の中で、それぞれの個性とか自分らしさを感じつつ、そこに居心地のよさを感じている。だからこそ集団としての力も発揮できる。ただその場にいて集まっているだけでは集団とは言えないので、集団としての求める方向性というか、ゆるやかに統一したベクトルがあることが前提だろうと思います。

阿部　通常学級のユニバーサルデザインに関する本[*25]を書かせていただいて、その中で五つのテクニックとして「方向づける」と「そろえる」ということを提案しています。

みんなである方向に進んでいくときに、快適さとか楽しさは一人ひとり違うけど、「居心地がいい」というよりは、いっしょにそこに向かっていても「居心地が悪くない」、そういう居場所をつくってあげられる授業とか学級が、まず大事になってくる。相互理解もすごく大事だけど、一人ひとりの不快さが減って、安心して居心地悪くなく過ごせる学級をつくっていくことが、インクルーシ

＊24　英語の「belonging」から、「帰属意識」や「一体感」、「居場所がある感じ」などを意味する。
＊25　阿部利彦編著、授業のユニバーサルデザイン研究会湘南支部著『通常学級のユニバーサルデザイン　プランZero』（東洋館出版社、二〇一四年）、阿部利彦『通常学級のユニバーサルデザイン　プランZero　２　授業編』（同、二〇一五年）、阿部利彦編著『通常学級のユニバーサルデザイン　スタートダッシュQ＆A55』（同、二〇一七年）。

ブな場のスタートラインではないかと思います。

つまずきを予測する

阿部　アセスメントについての話をすると、「見えない真実」を見つけることで三つの予測ができるのではないかと思っています。

一つめは「行動の予測」ですね。「この子は、この場面では書けないけど、これだったら書けるのではないか」とか、「この場面だと対話できるのではないか」「この発問をすると答えられるのではないか」みたいな行動面の予測。

二つめは「つまずきの予測」。教材研究も関係してくるのですが、たとえば説明文の「たんぽぽのちえ」だったら、「小二だと『ちえ』の意味がわからないのではないか」とか。「人の知恵」とか「動物の知恵」ならわかるけど、何も考えてなさそうな植物になると、理解がゴチャゴチャになる。生き残るため、仲間を増やすための「ちえ」と言われても、小二にとってはさっぱりわからない。

そうすると、教材がもつバリアとして、Aさん、Bさん、Cさんはどこでつまずくだろうかという、授業の中でのつまずきの予測が見えてくるんですね。「行動の予測」と「学びの予測」。「行動の予測」で言うと、「もうそろそろ離席するな」とか、そういうのが見えてくるし、「こういう発問をしたら、こういうことを答える」、あるいは「ポカーンとなる」みたいに考えの予測もできるんです。行動で困っている子とか、つまずきで困る子、考えをもてないとか考えがずれてしまって困っている子がいたら、そこを予測できるようにするためにアセスメントの活用がある。たぶん、上條先生はそのあたりができているのではないかと思いました。

菊池　つまずかない子は、たぶん「わからない」ということがわかっているんですよね。「これはわからないけど、そのうちわかるんだろう」みたいな感じで、いったん保留して先に進めちゃうんですよ。

「わからない」ことがわからない子は、たとえば知らない単語が出てきたときに、「いったい、これは何なんだ？」と、わかるのかわからないのかもよくわからない状態になって、そこでつまずいてしまうんですよ。

だから、子どものつまずきを予測するときに、「完全にわかっている子」もいるけど、「『わからない』ことがわかっている子」と「『わからない』ことがわからない子」というのを阿部先生は区別して見立てているのだと思います。

阿部　いっしょに授業づくりをしている先生方と「たんぽぽのちえ」の授業分析をしたことがあります。子どものワークシートには一時間目にも単元の最後の時間にも「ちえ」という言葉が出てくるのですが、単元の振り返りのところでは、やはり「ちえ」に対する考察が深まっている。

だから、子どもを理解するためには、ＷＩＳＣとかのアセスメントではなく、自分なりの見取りのポイントの基準というかベースラインを決めておくと、「この子は少しずつわかってきているな」とか、「わかっていないな」「つまずきが解消されていないな」ということがつかめてくるのではないかと、最近は思っています。

菊池　この説明で子どもがわかるか・わからないかだけでなく、その子自身が、今わかっているのか・わかっていないのかというところまで見立てる必要があるのでしょうね。

「わかるようになる自分像」を描く

上條　菊池先生がおっしゃった「そのうちわかるようになるだろう」と思える子、いわば「わかるようになる自分像」を描ける子はどんどん進めると思うのですが、「わかるようになる自分像」を描けない子もいると思うので、教師はそういう子たちに支援をしていくことが必要だと思います。授業でも学校生活でも、子どもたちは今を必死に生きていて、「過去の自分」や「未来の自分」につなげにくいところがあるのではないかと思っています。「わかるかもしれない」とか、未来の自分をポジティブにつなげていけるような授業をしていけたらいいなと思いました。

阿部　私が出会ったお子さんで、「『楽しい』とか『わかった』もうれしいけど、『できそう』とか

『解けそう』がすごく楽しい。わくわくするんだよね」と言った子がいます。今の「わかるようになる自分像」とつながりますね。

考えることをあきらめている子や学ぶことをあきらめている子はいっぱいいます。「楽しい」まではいかないけど、「これなら自分にも解けそうだ、できそうだ」とか、「自分だけではちょっと不安だけど、みんなと話していく間にたどり着けそう」と思える自信をつけることができたら、そこがインクルーシブな学びの場になるのではないかと思いました。

菊池 おそらく通常学級における見立てというのは、特別支援教育が今までやってきた子どもの特性とか、現在もっている知識がどれだけあるかといった能力的な側面、あるいは感情的なコントロールの力といった個に閉じたアセスメントとは違うものなのでしょうね。

集団の中で自分の力をどう発揮できるのかとか、集団と自分との関係をその子自身がどうとらえているかといったメタ認知的な部分も含めないと、通常学級の中では見立てた結果をうまく生かすことができないのかもしれません。

阿部 今日もいろいろな学びがありました。こうなってほしいとか、ここまでもっていきたいという教師の思いは大事だけど、そこに縛られてしまって、目の前の子どもたちが見えていないのが、やはり現実としてあると思います。

そこに気づけたとか、抜け出せた人ばかりではないので、そこのストライクゾーンが広がったとか変われたきっかけがあったら聞いてみたいと思います。

上條　目先の「できる・できない」だけを考えるのではなく、もう少し先の、社会の中でその子がどう自己実現をしていくか。その視点で子どもを見てみると、教師の支援の仕方や言葉のかけ方も変わってくると思います。子どもの今の「できる・できない」を長い目で見る。そして、子ども同士がお互いに「できる・できない」をどう受けとめて認め合っていけるかが、これからの教育には大事ではないかと思いました。

阿部　長期的スパンで考えられるようになったのは、やはり子どもから教わったのですか？

上條　そうですね。先ほども言いましたが、成人した子どもたちが気づかせてくれました。

菊池　フォーマルなアセスメントを勉強すると、子どもをどういう視点で見たらいいのかがかなり広がるのですが、それだけではたりない。そのときの集団との関係とか、そもそもどういった目標をもつ集団なのかとかも考慮しないと、通常学級での子どもの見取りは深まっていかないのだと、今日は教えていただいたような気がします。

上條先生、本日はありがとうございました。

上條　ありがとうございました。

（二〇二四年八月三一日収録）

VIII

未来の光が見えた気がします

阿部利彦×川上康則×菊池哲平

七回の鼎談を終えて

菊池　私たち三人で七人の先生方との鼎談を繰り返し行ってきたわけですが、鼎談を終えてどんな感想をもたれましたか？

阿部　とにかく楽しかったし、その人らしさがすごく出ていたと思うんです。あと、私の場合は知っている先生が多かったのですが、「実はそう思っていたんだ」というような新たな一面も知ることができたと思います。

ポイントが二つあって、一つは「変われる人」なんだな、と。一八〇度ではないにしても、子どもとのかかわり方が大きく変われた人たちだと思うんですね。それも「変わるぞ！」という感じではなくて、「気がついたら、子どもの考えが吹き出しとして見えていた」とか、そういう視点がもてたのはすごいなと思うんですね。せっかく多様な子どもたちと出会うので、それをきっかけにして自分の在り方のようなものを見つめ直してみるのはすごく大事だと思います。

もう一つは、その方の人徳なのでしょうが、校長先生が「いいね」と言ってくれるとか、周りの先生がまねしてやってみようという雰囲気がある。援助を求めたり助け合いができたりしていて、まさに職員室での人的環境のユニバーサルデザインですね。その二点が印象に残りました。

菊池　子どもとの出会いであったり、授業ＵＤとの出会いであったり、支援学級の担任経験を通じてであったりとか、「変われる」タイミングは先生方それぞれですが、「変わった」というところがたしかに共通しているると思いました。

阿部　誰かに「変われよ」と言われても変わらないと思うんです。でも、七人の先生方は、変わろうと努力したのではなく、子どもに合ったやり方をいろいろ工夫していく中で変わっていっているんですよね。

川上　私も阿部先生と同じで、その方々の個性がすごく出ていたなと思いました。無理していないし、自然体なんだなというのを感じました。それと、みなさん、必ずしも順風満帆な教師生活ではなかったんだなというのも思いました。たとえば宗實先生だと、島に行って、担当する人がいなかったという理由で社会科を研究するようになったとか。髙橋先生も、うまくいっていたつもりだったけど、そうではないことに途中で気づいたとか。

いったん落ち込むんだけど、それをきっかけにして、もとの状態よりも少しいい状態をめざしていたらこうなっていた、という感じなんですよね。そこがすごく印象的でした。

これは、システムを整えればいいとか、研修によって育つとかということではなくて、もともとその方がもっていたマインドのようなものでしょう。

阿部　レジリエンスみたいな。

川上　そうですね。そこに子どもとの出会いとか、いいきっかけをくださった先生たちとの出会いがあって、組織としてそれがいい方向に形づくられていっての姿なのかなと思いました。

菊池　たしかに、教師のキャリアプロセスの一つとして転機のようなものがあって、より子どもたち側に立つとか集団づくりだとかに視野が広がっていったという変化の軸もあるのかもしれないですね。

私は七人の先生方のバランスの取り方が絶妙だなと感じました。だいたい「森を見て木を見ず」か「木を見て森を見ず」か、二つのパターンになりがちなんです。集団としてのクラスを見ていて、個々の子どもはあまり見えていないか、その逆かということになりがちだけど、どの先生もバランスの取り方が絶妙で。

宗實先生は、集団での授業づくりの中に、一人ひとりの評価とかバックグラウンドをきちんと記録して見ていますし、山田先生の「吹き出しが見えた」というのも、北森先生や小野先生のお話も、そうだったという気がして。

特別支援学級などでの経験を通すと、「森を見て木を見ず」の状態から、だんだんと木が見えるようになってきて。そうすると森も見て木も見るようになっていったのだろうと思います。

そういう視点が通常学級の先生方には必要だし、逆に特別支援の側からずっとやっていると、個を見て全体を見きれていないような人がどうしても増えてくると思うんですね。特別支援の専門性を通常学級の中に生かすには、全体と個のバランスの取り方を改めて位置づけないといけないと思いました。

阿部　「インクルーシブな学級をつくるため」という動きではないけど、でもけっきょく、そこの両輪。全体とバランスをうまく取れることが、多様な子どもたちが安心して学べる場づくりにつながると思います。

手立てと意図

菊池　今回の鼎談では、こまかな技法の話はそんなにしていないのですが、そのへんはどう思いますか？　つまり、通常学級でインクルーシブを実現していくときに、手立てとか技法は本質的な問題なんでしょうか？

川上　「こうすればいいよ」という話はありませんでしたね。「こうすれば」というハウツーをみんな求めてしまうけど、そこではないんだということがわかりました。

菊池　先生方のマインドがどうあるべきなのかが、インクルーシブな通常学級をつくる最初の一歩として大事だし、そこがなくて「こうすればいいんだ」というマニュアル的な技法の話に走ってしまうと、本質がずれてしまうのではないかという気がするんです。

阿部　通級などでも、最初からビジョントレーニングありきとかＳＳＴありきで、その子の困りがどこにあるのかの見立てがしっかりできていないことが多いですよね。「このやり方をしたいからこの子にやる」、みたいな。技法の前に、目の前の子ども一人ひとりをきちんと理解していかないと。そして、それ以前に、その子に合わせてどうするかということよりも、全体にどういう工夫をしていくか。

ＵＤも「視覚化、焦点化、共有化」が先にあるわけではないし、それはゴールではなくてプロセスであるというところが理解されていないと思います。

菊池　たしかにそうなのですが、ＵＤ関係の研修会などに呼ばれて行くと、やはり求められるのは、具体的な手立てとかやり方という話が多いんですよね。実際、多くの先生たちが困っているという事実はあるんだと思うんです。

なので、手立てとか具体的な方法とか、明日からすぐに使えるものを先生方が求めてしまうのは仕方ないと思います。でも、やはり背景にマインドのようなところがないと、そこがうまく伝わっていかないというか……。けっきょく、有名な先生の授業をなぞっただけという形になって、それが本当に目の前の子どもたちのことを見てやっていることなのかという話にどうしてもなると思うんです。

阿部　でも、まったく何もやらないよりは、まねであっても新しいチャレンジをしてみれば、そこからの気づきもあるはずです。頭でっかちになって何もやらないよりは、取りあえず先輩のやり方やテクニックを取り入れてやってみるのも大事なことではあると思います。

菊池　そうですね。でも、もう少し、何を本当はめざすべきなのか、何を大事にしてこの手立てを入れていたのかというところまで立ち返っていただけると、もう少し広がりというか、次の展開があるのかなと思うんですけど。

阿部　私はすごく大事だと思っていることがあって、通常学級で配慮を要する子、たとえば多動の子がいたときに、先生方は着席させたいんです。離席させたくない。では、どう指導するか。応用行動分析的に言うと、その単元に合った発問などで子どもが「これならできそうだな」と思って、気がついたら活動に参加できていた、着席できていたというほうがいいのだけど、教材研究や授業の工夫で意欲を高めるのではなく、魔法のように子どもを座らせたいという、そちらにいってしまうことが多い。でも、もっと授業をおもしろくしたら、参加できる子は絶対増えるんです。それにはまさにUDだと思います。

菊池　そうですね。「着席させたい」ではなくて、「この子を授業に夢中にさせたい」。本当はそう考えてほしいわけですよね。

阿部　そう、そこです。

当てはめず、包み込む

川上　それはみなさん共通で追求していましたよね。授業が魅力的でなかったら、子どものつまずきはより大きくなるという発想をもっていらっしゃいました。でも、今回の七人の先生方をそこに駆り立てるのは何なのでしょうね？

阿部　子どもに関心をもっていますよね。リスペクトしているというか、子どもをきちんと見ている。子どもの言葉や行動をすごく丁寧に見取る人たちだと思いました。子どもからスタートしているというのが共通している気がします。見ているようで見ていない人が大勢いるじゃないですか。最初からバリアがあるというか、バイアスがあるというか。

診断名がついている子の場合は、最初から「ＡＤＨＤだから」とか「ＡＳＤだから」と、情報が増えれば増えるほど、目の前の子を遠ざけるようなことがありますよね。でも、今回の先生方はバイアスで見ていない。

菊池　診断がつくことの功罪は、やはりありますよね。診断がつくことでその子の困り度がわかりやすくなるし、どういうことに困るというのもある程度見えてくる部分はあるんだけど、「ＡＳＤだからこんなことはできなくても仕方ない」とか、「ＬＤだから読むのが苦手でも仕方ない」という理解に陥りやすい。そうなったときに、通常学級では無理なので、やはり特別支援学級か通級でやってもらいましょう、という話になってしまう。

でも、今回の七人の先生方は共通して、子どものことを説明するときに「ＡＳＤだから」とか「ＡＤＨＤっぽい」とか言うことはなかったし、「子どもはこうあらねばならない」というようなことも言っていない。

川上　言っていないですね。枠に当てはめようとしていないし、むしろ包み込む感じですよね。

菊池　多くの先生方は理想の子ども像をもっていて、「こうあらねばならない」と子どもを枠に当てはめようとしてしまっている感じはありますよね。

阿部　七人の先生方は、診断名がついていようがついていまいが、子どもたちの居場所をどうつくっていくかということに揺るぎない人たちだと思うんですね。

自分では無理だからとか、診断名がついているのだからといって子どもを通級や支援級に行かせようとする流れがあると思うんです。これがやはりインクルーシブな学級を阻害していると思うのですが。

川上　目的としてインクルーシブ学級をめざすのではなくて、結果としてインクルーシブな学級ができ上がるという図式なんですかね？　診断がつく・つかない以前の日常の中で、ここにいることの心地よさをいっしょに共有していけるというような。樋口先生はそういう学級経営をされているし、上條先生も今のお立場になって、信念のようなものにつながっていますよね。

学級とか仕組みとかよりも先に、人をどう育てていくかが先なのかな、と思ったんですよね。

菊池　樋口先生と山田先生、上條先生が教育委員会の指導主事という立場ですが、今のお仕事の話を聞いていると、通常学級の先生方に指導主事の立場としてアプローチしていくときに、システムなどの話が先立っていなくて、子どもの見方とか、そちらのほうを伝えていこうという形になっていましたね。

行政的に言えば、システムだとか、法令がこう変わったのでこうしなければいけないというような、そういう研修が多くなるんだけど、樋口先生も山田先生も上條先生も、システムとかではなくて、子どもの見方であるとか、教師の在り方、役割のようなものを伝えていこうという研修を模索されているなと感じました。

阿部　指導主事になってからも、ずっと同じような視点でブレがないというか、トップダウン的でなくて、「自分も現場にいたときはこうだった」という仲間として提案している感じですよね。でも、そのほうが現場の先生方にもわかりやすいと思うんです。

長く指導主事をやっていると現場感覚を失ってしまう人もいるのですが、今回の先生方は現場に戻ったときに、子どもたちに合わせて、またいろいろチャレンジしていけるのではないかと思います。

「誰のための」を問う

菊池　ここで、これからのインクルーシブな学級づくりとか、あるいはもう少し大きく、これからの学校教育はどうあるべきなのかという話をしたいのですが、どうでしょうか？

川上　先生が、子どもたちが好きで、授業が好きで、日々の苦しいことも楽しいと思えるかどうか。そこがたぶん、この仕事の本質だと思うんです。「インクルーシブ」という言葉にはしていなかったけど、七人の先生方が実際にやっていることはそれに値するものだったし、自然に突き詰めていったら今はこうです、というように感じました。ここで終わりではなくて、どんどんさらに進んでいく感じも受けました。

でも、七人の先生方の現在の力を数値化して、ここに達しましょうというコンピテンシーモデルのようなものをつくったとしても、なんの意味もないと思うんです。その人なりの学級のつくり方がきちんとあって、それで無理なく楽しめているかがポイントなのではないかと思いました。

阿部　これはずっと前から言っていることですが、インクルーシブな学級をつくるという目的で取り組むのではなくて、一人ひとりの子どもたちが安心して学べる居場所をつくることで、気がついたらインクルーシブな学級になっていたということだと思います。

「特別支援」というと、障害のある子たちだけをイメージするけど、外国につながる子、ヤングケアラーの子、朝ご飯を食べてきていない子とか、本当にいろいろな子どもたちがいるわけです。その子どもたちが共に学んでいくために、子どもたちに合わせた学びの工夫が今度は必要になってくると思います。

菊池　そうですね。多様な背景をもつ子どもたちがいるのが、これからは当たり前になってきますよね。そのような中で、学級づくりとか多様性に対する意識は、教師もどんどんアップデートしないといけないのだろうなと思います。

学校というシステムがどうあるべきかは、もう少し多角的に考えていかないといけませんが、今回、七人の先生方と話している中で、今の仕組みの中でも、先生が見ようと思えば子どもたちの多様な背景を見れるし、あるいは通常学級の枠内でも、相当な多様性を包摂することはできるのではないかという気がしました。制度が悪いとか、先生たちの働き方改革はどうするんだという話もありますが、できることはもう少しあるのではないかと思ったんです。

阿部　「みんないっしょ」がいいみたいになってしまうと、同じテーマで勉強したいけど、感覚過敏があるから別室で一人で、という子もいるわけですよね。でも、その子の願いも無視して「みんないっしょ」となる怖さもあるんです。そのへんは、子どもたち一人ひとりの学び方へのアンテナを高くしていかないと。

不登校のお子さんなどがオンラインでというのも、場所は違っていてもつながっているわけだから、それもインクルーシブと考えていかないと。同じ建物、同じ教室の中にいることがゴールだとなってしまうと、子どもたちの学び方を制限することになってしまうと思うので。

誰のためのインクルーシブなのかを問うことから始めないといけないと思います。

菊池　そうですね。すべての子どもがとにかくいっしょにいることを追求しすぎると、みんな同じことを同じペースでやれという話になってしまうでしょうから。

川上　逆に同質性を強めてしまうことになりますね。

菊池　だからといって、一人ひとり別々でいいよとすると、それはインクルーシブでもなんでもない、単なる個別化という話なので。このあたりは非常にジレンマがあるので、バランスが難しいですよね。

誰から見て「特別」なのか？

菊池　川上先生は、特別支援学校という、障害のある子どもたちを専門的な力で教育していこうという場所にいらっしゃるわけですが……。

川上　私自身は「特別に支援している」とは思っていなくて、この子にとって必要だからここに来ているし、この子にとって必要な教育課程と手立てなわけです。

特別支援学校は専門的だとは思います。でも、特別支援学校ではそれが当たり前ですから、そういうことがもっと明確になるような名称があるといいとは思います。

阿部　「Special education」ではなくて？

菊池　日本語で「特別」と聞くと、「一般的ではない」というニュアンスでとらえられてしまいますよね。

阿部　アメリカだと「You are special」と。まさに大事だというか……。

川上　先ほど阿部先生が「誰のためのインクルーシブか」とおっしゃいましたが、それって主語が大事じゃないですか。

たとえば、今、「誰一人取り残さない」という言葉がもてはやされていますが、この言葉の主語は「子ども」ではなくて、「取り残さない」と思っている「大人」のわけです。

阿部　「No one left behind」からきているんですよね。

菊池　はい。アメリカの法律からきているわけですが、「取り残さない」というのは、けっきょくはどちらがマジョリティでどちらがマイノリティなのかという話なんですよね。どういう環境なのかによって、その子がその中でマジョリティになるのか、マイノリティになるのかが変わるので。

通常学級の在り方をきちんと変えていけば、多様な子どもたちが活躍できる場をつくれるはずだと思うんです。今の場所で「変わった子」と思われていたり、あるいは学習がみんなについていけない子でも、環境が変われば活躍できたり、別の場面では中心になったりできるでしょうから。通常学級は、そういう意味ではもう少し、いろいろな価値観をその中で発揮できるようにしていくことがとても大事なのだと思います。

阿部　たとえば、教師の段取りで指導案をつくって、四五分とか五〇分設定していて、「この時間でこういう意見が出てくれたらいい」というのを崩す子たちがいるじゃないですか。そのときに、「なるほど、そういう考えもあったのか」とか、「おもろい」「それは気がつかなかった」というように、きちんと受けとめられるのか、「今は関係ない」「なぜそんな変なことを言うんだ！」となるのかで、周りの子どもたちの受け取り方もまったく変わってくると思うんです。「あの子は変だ」となるのか、「あの子はなかなかユニークな視点をもっている」となってくるかは、教師の対応次第です。子どもたちは教師の対応を見ているから、それも学級経営につながる。

授業UDのこれから

菊池　私たちは三人とも日本授業UD学会のメンバーでもありますから、せっかくなので、授業UDはこれからどのようになっていくべきなのかというところをお聞かせください。

川上　教科書が全員に一律配布されて、それをもとに授業を行うという今のシステムが続くのであれば、授業ＵＤは合理的配慮の前の基礎的環境整備という位置づけで、ずっと残るとは思うんです。いきなり個別の支援に向かうのではなく、基礎的環境整備として授業の工夫から入るのが原則だよ、そちらが先じゃないと全部空回りしてしまうし、学級全体も落ち着かなくなるよ、と。

阿部　二つあって、一つは、もっと特別支援の先生も、通常学級でどんなことをどうやって教えているかを勉強したほうがいいと思います。子どもたちは通常学級で長い時間を過ごしているわけだから、算数の時間にどんなことで苦しんでいるのかとか、この単元でどんなことがバリアになっているのかとかを知っておかないと、ずれた支援になってしまいます。

もう一つは、発達障害のある子はみんなつまずいて困っていて、わからせてあげなければいけないからこういう工夫をする、みたいに考えてしまうと、実は余計なお世話になっていたり、ピント外れになっていることもあるということです。その子がなぜそういう書き方をしているのかとか、なぜ周りの人と違う受け取り方をするのかとかは、聞き取ってみるとわかるんです。そして、「なるほど、そう考えたからこう書いたんだね」と言うだけでも、だいぶ違うと思います。

菊池　授業ＵＤは教科教育と特別支援教育のコラボレーションといわれていますが、必ずしも特別支援教育側の人間が教科教育のめざしているものをくわしく知っているとも限らないので、外形的なアプローチしかできなかったり、その逆もしかりというのがありますね。

熊本市では「通特交流」といって、通常学級の先生が特別支援学級の担任を経験するのですが、逆に、特別支援の先生が通常学級の担任経験をもつと、特別支援教育にまた戻ってきたときに活躍できるのではないでしょうか。

もう一つは、授業ＵＤはこれまでの取り組みの経緯では発達障害のある子どもたちを前提にしていたのですが、これからもっと多様な子どもが増えたときに、今の授業ＵＤがとらえている枠組みや手立てだけでは、うまくいかなくなることもあると思うんです。

そのために、もう少し対象の幅を広げていく。いわゆるユニバーサルデザインという考え方の枠の中で、技法や手立ても、もっといろいろな種類があってもいいし、そうやってインクルーシブの幅と深さをもう少し広げていく方向に進化していくべきかなと思うんです。

阿部　子どもにとってのユニバーサルデザインであると同時に、いろいろな教員にとって取り組みやすい、教師にとってもユニバーサルデザインである授業のデザインにしていくことも大事ですね。

未来の光

菊池　入口や間口は広く取っておいて、やりやすいところから入っていってもらっていいけど、めざすところはこういうことだというのは、もう少し整理したほうがいいとは思います。

今回の鼎談で、先生方が何をめざしているのかとか、何を大事にしているのかという話は聞けたと思います。ＵＤＬを専門とする北森先生に入っていただいたのは、授業ＵＤに特化した話ではないと考えていたからなのですが、「授業ＵＤ」とか「ＵＤＬ」という枠組みではなく、もっと柔軟にインクルーシブな授業づくりを考えていければいいと思います。

阿部　診断がついている子や通級へ行っている子がクラスにいると、その子にばかり気を取られてしまうけど、診断がついていない子、あるいはノーマークの子でも、同じようなところでつまずいている場合がけっこうありますよね。「ほかに困っている子はいないかな？」と俯瞰で見るセンスのようなものも必要になってくると思いました。

菊池　今回の鼎談を通して、通常学級の先生方の熱意も感じましたし、先生方がこのように思って取り組んでいるんだということを聞いて、特別支援教育の立場からすると非常に新鮮であったし、驚きというか、感心する部分が非常にたくさんありました。そういう意味では、これからもっと通常学級はよくなっていくような未来を感じて、心強く思いました。

教師の働き方の問題であるとか、あるいはどんどん多様性が増えてくる子どもたちへの対応が追いついていないこととか、いろいろありますが、でもやはり通常学級はもっとよくなるはずだと、改めて感じさせてもらいました。

阿部先生、川上先生、最後に一言ずつお願いします。

阿部　教師のなり手が少なくなってきているし、どんどん大変になってきているけど、鼎談に参加してくださった先生方のような人たちがいるので、未来の光が見えた気がします。この本を通して、「好き」とか「楽しい」という、教員であることのわくわく感や楽しさが次の世代に伝わってくれたら……。

あとは、今がんばれていることがとても大切なんだけど、プラスアルファで何か少しやってみようかと思っている先生方にこの本を届けたいなと思いました。

川上　同じ教師だからというのもあるかもしれないですが、七人の先生方にはすごく近しさを感じました。だから、この先生方と特別支援学校でいっしょに働くとなっても、まったく違和感をもたない。むしろ、即戦力ですね。多少つまずくとか苦しむこともあるかもしれないけど、乗り越えられるという感覚を得たんです。そこがたぶん、今回の一番の収穫だったと思います。

菊池　お忙しい中、阿部先生、川上先生、ありがとうございました。

阿部・川上　こちらこそありがとうございました。

（二〇二四年一〇月二六日収録）

執筆者一覧

○編著者

阿部　利彦（あべ　としひこ）

星槎大学大学院教授。日本授業ＵＤ学会理事。著書に『決定版！　授業のユニバーサルデザインと合理的配慮』（編著、金子書房）、『人的環境のユニバーサルデザイン』（共著、東洋館出版社）、『大人が変われば、子どもが変わる　発達障害の子どもたちから教わった35のチェンジスキル』（合同出版）等

川上　康則（かわかみ　やすのり）

杉並区立済美養護学校主任教諭。公認心理師、臨床発達心理士、特別支援教育士スーパーバイザー、日本授業ＵＤ学会理事。著書に『〈発達のつまずき〉から読み解く支援アプローチ』（学苑社）、『教室マルトリートメント』（東洋館出版社）、『マンガでわかる　はじめて特別支援学級の担任になったら』（Gakken）等

菊池　哲平（きくち　てっぺい）

熊本大学大学院教授。博士（心理学）、臨床心理士、特別支援教育士スーパーバイザー、日本授業ＵＤ学会理事。著書に『自閉症における自己と他者、そして情動』（ナカニシヤ出版）、『授業ＵＤ新論』（東洋館出版社）、『Ｑ＆Ａで学ぶ　インクルーシブな学級づくり＆授業づくり』（編著、明治図書出版）等

○ 執筆者（執筆順）

菊池 哲平 （前掲）
宗實 直樹 関西学院初等部教諭
川上 康則 （前掲）
髙橋 達哉 東京学芸大学附属世田谷小学校教諭
阿部 利彦 （前掲）
北森 恵 富山県 公立小学校教諭
小野 絵美 長野県 松本市立筑摩小学校教諭
樋口 亜紀 三重県 四日市市教育支援課指導主事
山田 光太郎 熊本市教育委員会指導主事
上條 大志 神奈川県 小田原市教育委員会指導主事

＊所属等は二〇二四年一二月現在

私たちの「インクルーシブ学級」を語り合おう

2025(令和7)年3月15日　初版第1刷発行

編著者	阿部 利彦　川上 康則　菊池 哲平
発行者	錦織 圭之介
発行所	株式会社東洋館出版社
	〒101-0054　東京都千代田区神田錦町2-9-1 コンフォール安田ビル
	代　表　電話：03-6778-4343　FAX：03-5281-8091
	営業部　電話：03-6778-7278　FAX：03-5281-8092
	振替　00180-7-96823
	URL　https://www.toyokan.co.jp
印刷・製本	藤原印刷株式会社
装幀・本文デザイン	HON DESIGN(小守 いつみ)

ISBN978-4-491-05709-5
Printed in Japan